当代社会前沿观察书系

都市里的迁徙

京津冀流动人口
集聚与未来态势

盛亦男 ◎ 著

MIGRATION IN CITIES

Agglomeration and Future Trends of
Floating Population
in the Beijing-Tianjin-Hebei Region

清华大学出版社
北京

内 容 简 介

自 2014 年京津冀协同发展提出，十年间京津冀地区在交通、产业、生态环境等多个领域取得了显著的进展，流动人口集聚格局也发生了变迁。本书旨在对京津冀城市群流动人口集聚进行系统的理论探讨。首先，分析京津冀城市群流动人口的集聚趋势、特征与模式；其次，以人口流动与集聚过程为主线，探讨流动人口在集聚、居留、落户等不同阶段的影响机制；再次，构建涵盖社会经济、资源环境、人口、社会政策变动的系统动力学模型，模拟不同政策方案下京津冀城市群未来的人口增长态势；最后，提出"促进京津冀城市群高质量发展、引导人口有序流动"的政策路径，以期实现城市群功能优化、人口布局合理的政策目标。

本书封面贴有清华大学出版社防伪标签，无标签者不得销售。
版权所有，侵权必究。举报：010-62782989，beiqinquan@tup.tsinghua.edu.cn。

图书在版编目 (CIP) 数据

都市里的迁徙：京津冀流动人口集聚与未来态势 / 盛亦男著.
北京：清华大学出版社, 2024.8. -- (当代社会前沿观察书系).
ISBN 978-7-302-66701-8

Ⅰ．C922.2

中国国家版本馆CIP数据核字第20247CM569号

责任编辑：商成果
封面设计：北京汉风唐韵文化发展有限公司
责任校对：薄军霞
责任印制：丛怀宇

出版发行：清华大学出版社
    网　　址：https://www.tup.com.cn，https://www.wqxuetang.com
    地　　址：北京清华大学学研大厦 A 座　　邮　　编：100084
    社 总 机：010-83470000　　邮　　购：010-62786544
    投稿与读者服务：010-62776969, c-service@tup.tsinghua.edu.cn
    质量反馈：010-62772015, zhiliang@tup.tsinghua.edu.cn
印 装 者：涿州市般润文化传播有限公司
经　　销：全国新华书店
开　　本：170mm×240mm　　印 张：11　　插 页：1　　字　　数：163 千字
版　　次：2024 年 10 月第 1 版　　印　　次：2024 年 10 月第 1 次印刷
定　　价：79.00 元

产品编号：102730-01　　审 图 号：京审字（2024）G第1471号

前言

城市群由空间组织紧凑、经济联系紧密的中心城市和若干不同规模、类型和等级的城市组成,中国的城市群是未来承载各类要素集聚的主要地域形态。京津冀城市群是国家级城市群,也是中国最主要的人口和经济要素集聚地之一。在历史、政治和社会经济发展的影响下,京津冀城市群流动人口集聚的规律、过程与其他城市群相比有其特殊性。在京津冀协同发展战略的影响下,京津冀城市群的流动人口集聚近年来发生了新的变动,而人口流动的未来态势又将重塑京津冀城市群人口集聚格局。2024年是京津冀协同发展提出的十周年。在过去的十年里,京津冀地区在交通、产业、生态环境等多个领域的协同发展取得了显著的进展,流动人口集聚格局也发生了变迁。在这个关键的历史节点上,对京津冀城市群流动人口集聚进行深入、系统的理论探讨显得尤为重要。

本书内容包括六章。首先,系统分析京津冀城市群流动人口的集聚趋势、特征与模式,包括流动人口规模、户籍来源、流迁距离、居住分异、行业分布、受教育程度、家庭化流动和居留意愿等方面的特征,展现京津冀城市群流动人口集聚的基本状况。其次,以人口流动与集聚过程为主线,分析流动人口在集聚、居留、落户等不同阶段意愿与行为的影响机制。具体而言,展现京津冀城市群流动人口集聚的空间格局,并与珠三角和长三角城市群流动人口集聚格局进行比较;从长期居留的视角出发,对京津冀城市群流动人口的居留意愿与落户意愿进行匹配研究;关注社会政策与市场调节机制在流动人口集聚过程中的影响,及两者作用强度的变化过程。再次,构建涵盖社会经济、资源环境、人口、社会政策变动的系统动力学模型,模拟不同政策方案下京津冀城市群未来的人口增长态势。最后，提出"促进京津冀城市群高质量发展、引导人口有序流动"的政策路径，为不同城市实行差异化政策，进一步提升城市群规划水平提供支持。在产业与交通体系的协同发展、新区发展建设、公共服务的共建共享、生态环境协同治理、构建新型的流动人口管理服务、完善制度与机制和应对人口未来态势方面提出了政策建议，以期实现城市群功能优化、人口布局合理的政策目标。

本书内容丰富、贴近现实。既结合了经典的人口迁移理论研究，又综合应用社会网络分析、空间计量分析、条件混合过程和系统动力学等多种研究方法进行定量研究；既有对京津冀城市群流动人口集聚模式、机制、趋势的探讨，又提供了切实可行的政策建议。无论读者是该领域的初学者还是专业人士，本书均能提供扎实且富有深度的内容。

本书在编审过程中，清华大学出版社商成果老师以及编辑团队展开了细致的编辑与出版工作。本书出版受到"北京市社会科学界联合会、北京市哲学社会科学规划办公室社会组织资助项目"的资助，北京市哲学和社会科学规划办公室、北京市社会科学界联合会和北京市人口学会的老师在出版过程中给予了大力支持，在此向他们致以真诚的感谢。

在撰写过程中，作者收集了大量权威的文献资料，吸收了许多学者的研究成果，在此一并致谢。由于时间和能力所限，书中不当处在所难免，恳请国内同行和广大学者予以批评指正。

作者

2024 年 4 月

目录

第一章	绪论	1
	一、研究内容	3
	二、研究数据与研究方法	5
第二章	京津冀城市群流动人口的集聚趋势、特征与模式	9
	一、文献综述	9
	二、京津冀城市群流动人口集聚的宏观趋势与时期变动	11
	三、京津冀城市群流动人口的微观特征	24
	四、小结	53
第三章	京津冀城市群流动人口集聚格局：三大城市群的比较研究	56
	一、文献综述	57
	二、研究数据	59
	三、研究方法	60
	四、城市群流动人口的空间分布格局	63
	五、城市群流动人口集聚空间分布格局的影响机制研究	75
	六、小结	80
第四章	京津冀城市群流动人口长期居留的影响机制	82
	一、京津冀城市群流动人口居留倾向的影响机制	83
	二、市场机制、政策引导与居留意愿：以北京为例	100
	三、小结	121

第五章　京津冀协同发展背景下的人口未来态势　　123

一、文献综述　　123

二、模型构建与政策方案　　126

三、人口增长的系统动力学模拟　　133

四、灵敏度检验　　141

五、小结　　143

第六章　促进城市群高质量发展　引导人口有序流动　　144

一、打造中心与外围城市的产业分工体系，引导人口合理布局　　144

二、雄安将建设成为吸引人口集聚的国家级新区　　146

三、加快城市群交通网络的建设　　147

四、推动城市群公共服务资源的共建共享　　148

五、促进生态环境协同发展，提升资源环境承载能力　　150

六、顺应流动人口长期居住趋势，为流动家庭提供安居保障　　151

七、破除制度藩篱，畅通人口流动渠道　　153

八、妥善应对人口流动的未来趋势　　156

参考文献　　158

第一章
绪论

　　城市群是生产要素在一定地域空间高度聚集的载体。依据《中共中央国务院关于建立更加有效的区域协调发展新机制的意见》，中国将"建立以中心城市引领城市群发展、城市群带动区域发展新模式"。城市群作为工业化和城镇化发展到高级阶段的产物，与大规模的流动人口集聚密切相关。以大城市为核心，并与周边城市通过密切的交互作用而形成的城市群，已经成为中国未来城镇化水平进一步提升的主要空间形式，深刻影响区域的人口流动与集聚。

　　京津冀城市群是中国人口流动迁移的活跃区，以强大的经济集聚力吸引着流动人口集聚。京津冀城市群2000年的常住人口规模为9033万人，流动人口规模为1170万人，而依据第七次全国人口普查公报，2020年常住人口规模已经增长为11040万人，流动人口规模则增长为2728.6万人。由于历史、政治和社会经济发展背景等因素的差异，京津冀城市群流动人口集聚的规律、过程与其他城市群相比有其特殊性。在京津冀协同发展战略的影响下，近年来京津冀城市群的流动人口集聚趋势发生了新的变动，而流动人口集聚态势的变化又将重塑京津冀城市群流动人口集聚的格局。在这一背景下，现实迫切要求研究者对京津冀城市群流动人口的现状、影响机制以及未来态势等问题展开研究。基于以往的理论基础和现实背景，本书将重点分析以下问题。第一，京津冀城市群流动人口集聚的趋势、模式与规律是什么？第二，京津冀城市群流动人口集聚的影响机制是什么？第三，在京津冀协同发展背景下，京津冀城市群的流动人口在未来将呈现怎样的增长态势？又会如何影响城市群未来的人口规模与结构？第四，如何完善现有的政策体系，实现引导人口有序流动、促进京津冀城市群高质量发展？

为回应上述问题，本书在厘清京津冀城市群流动人口集聚理论成果的基础上，重点描述京津冀城市群流动人口集聚的变动趋势，以及流动人口集聚的模式与规律；分析京津冀流动人口集聚的空间格局及影响机制，并与其他国家级城市群进行比较；依据流动人口的集聚过程，分析流动人口从集聚、长期居留到落户定居的流迁过程中流迁行为变动的影响机制；对京津冀城市群流动人口集聚的未来态势进行研究，判断流动人口集聚水平提升对城市群常住人口规模和结构带来的影响，为优化京津冀城市群人口规划政策体系提供理论参考。

本书的研究成果在流动人口集聚模式总结、机制分析和趋势预测方面均具有理论意义。第一，研究成果总结了京津冀城市群流动人口集聚过程的模式与规律，以人口流动与集聚过程为主线，分析流动人口在集聚、居留、落户等不同阶段的影响机制。第二，关注社会政策与市场调节机制在流动人口集聚过程中的影响，以及两者作用强度的变化过程，研究结论回应了在人口流动过程中市场与政府分别发挥的作用以及两者之间的相互关系。第三，在居留倾向变量构建、不确定性居留意愿研究等方面采取了与以往多数研究不同的处理。这些研究成果能够为相关研究提供一些方法上的借鉴。第四，构建了涵盖社会经济、资源环境、人口、社会政策变动的系统动力学模型，模拟不同政策方案下京津冀城市群未来的人口增长态势。通过上述分析，可以深化对京津冀城市群流动人口集聚过程的认识，进一步拓展人口迁移理论和城市化理论。

本书的研究结论具备丰富的政策内涵。首先，研究成果深入分析了京津冀城市群流动人口集聚的模式和规律，以及三大城市群流动人口集聚格局在影响因素上的差异。上述研究结果可以为不同城市实行差异化政策，进一步提升城市群规划水平提供数据支持。其次，关注京津冀城市群流动人口集聚的未来态势及其对城市群未来人口规模和结构变动的影响，模拟了不同的政策方案可能对京津冀人口增长带来的影响。这些研究结论可以为把握人口流动态势、促进京津冀协同发展提供理论支持。最后，提出了"促进城市群高质量发展，引导人口有序流动"的政策路径，并细化为七个层面的具体建议，为实现人口有序流动，促进京津冀城市群高质量、协同发展提供了政策建议。

一、研究内容

图1.1展示了本书的研究内容和研究框架。

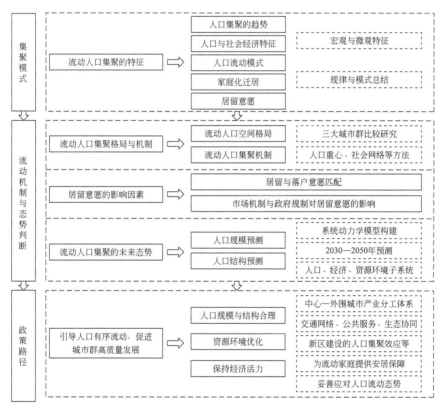

图1.1 研究内容与框架

本书的研究篇章从第二章开始，第二章总结了京津冀城市群流动人口集聚的特征与趋势。具体来说，第二章利用人口普查资料和人口抽样调查数据，分析京津冀城市群流动人口集聚的趋势，并且重点关注2010年以来城市群流动人口集聚的最新变动趋势；应用流动人口动态监测调查数据，分析京津冀城市群流动人口的户籍来源、流迁距离、居住分异、行业分布、受教育程度、家庭化流动和居留意愿等方面的特征。

第三章、第四章关注从人口"流入"到"暂居"再到"定居"的全过程，分析京津冀城市群流动人口集聚的空间格局以及影响流动人口集聚的宏观与微观机制。具体来说，"流入"阶段指人口向京津冀城市群集聚的过程，即人口为何选择流入京津冀城市群；"暂居"阶段指流动人口未能获得城市户籍，但是拥有在城市群长期居留的意愿，此时流动人口面临更高的离城风险，当就业机会减少、收入下降时可能会选择返回流出地；"定居"则指流动人口的户籍身份转变为城市居民，可以视为市民化的最终阶段。

第三章的分析集中于流动人口"流入"城市群的空间格局与宏观影响机制。京津冀、长三角与珠三角城市群同属于国家级城市群，但是上述城市群在流动人口集聚的空间格局与特征方面存在明显的差异。在这一章的研究中，基于人口普查资料和人口抽样调查数据，利用重心模型、社会网络分析与空间滞后模型等分析方法，对三大城市群流动人口集聚的重心、空间自相关关系、社会网络变动等予以分析，同时应用空间计量模型分析城市群流动人口集聚的机制，寻找京津冀与其他国家级城市群在流动人口集聚影响机制方面存在的差异，获取影响京津冀城市群流动人口集聚的关键因素。

第四章关注流动人口进入城市群后其"暂居"与"定居"阶段的行为机制的影响因素。这一章将流动人口的居留意愿与定居意愿整合构建了居留倾向变量，对京津冀城市群流动人口形成居留倾向的影响机制进行分析。研究表明，流动人口的居留倾向受到政策变动与市场机制的双重影响，工资收入、市场发展水平等市场机制会对居留倾向产生调节作用，京津冀协同发展、非首都功能疏解等一系列社会政策也会影响居留倾向。除此之外，流动时间、流动距离、流动模式、住房获得、户籍等个体因素，以及城市发展水平也会影响流动人口的居留倾向。第四章还以北京为例，以收入差距和非首都功能疏解政策分别代表市场机制与政策效果，分析两者对流动人口居留意愿的

第五章关注京津冀城市群人口集聚的未来态势。采用系统动力学方法分析区域人口增长过程中社会经济、资源环境与人口子系统之间复杂的反馈关系，并模拟在系统反馈关系作用的影响下京津冀城市群流动人口以及常住人口的未来增长态势。此外，还评价了不同的政策方案可能引发的流动人口集聚态势变化及其对城市群未来的人口规模和人口结构的长期影响。这些研究结论可以为实现京津冀人口均衡发展、优化区域协同发展规划提供科学依据。

为了紧密契合京津冀协同发展的战略目标，抓住雄安新区建设的时机，应依据京津冀城市群的社会经济发展特征进行精准的政策设计，实现人口有序流动和城市群高质量发展。在第六章的研究中，本书在产业体系与交通网络协同发展、雄安新区发展建设、城市群公共服务共建共享、生态环境协同治理、构建新型的流动人口管理服务体系、畅通人口流动渠道，以及妥善应对城市群人口未来增长态势等方面提出了政策建议。

二、研究数据与研究方法

1. 研究数据

本书各个章节分析所应用的研究数据来源包括多期中国流动人口动态监测调查（China Migrants Dynamic Survey，CMDS）数据，京津冀、长三角和珠三角城市群地级市以上城市的人口普查和人口抽样调查数据，以及相关年份的社会经济统计数据。

第一，微观调查数据。采用的调查数据来源于中国流动人口动态监测调查（CMDS）。该调查由国家卫生和健康委员会组织开展，自2009年开始第一期调查，采用分层抽样调查方法，覆盖了中国31个省（区、市）和新疆生产建设兵团流动人口较为集中的流入地，每年的样本量近20万户，数据质量较好，能够代表全国的人口流动状况。调查问题覆盖范围广泛，包括流动人口及家庭成员的人口基本信息、被访者的流动范围和去向、就业和社会保障、收支和居住状况、基本公共卫生服务、婚育和计划生育服务管理、子女流动和教育、心理等方面。在2009—2018年均开展了流动人口动态监测调查，但由于问卷设计在不同年份不完全一致①，因此依据研究重点和模型设计需求，选取了2012年、2014年、2017年、2018年的调查数据作为研究数据。

第二，人口普查数据。笔者在撰写本书时，第七次人口普查中地级市层面的流动人口数据尚未完全公布，数据分析使用的是2000年第五次、2010年第六次人口普查资料以及2015年1%人口抽样调查数据。为了比较京津冀城市群与长三角、珠三角城市群在流动人口集聚方面的差异，依据《中华人民共和国国民经济和社会发展第十三个五年规划纲要》《长江三角洲城市群发展规划》以及《珠江三角洲地区改革发展规划纲要（2008—2020）》，选取京津冀、长三角与珠三角城市群的地级市及以上城市的流动人口作为研究对象，共涉及45个城市②的人口普查数据和人口抽样调查数据。

第三，社会经济统计数据。数据来源于《中国城市统计年鉴》与地方统计资料、地级及以上城市PM2.5污染数据和香港环亚经济数据有限公司（CEIC）中国经济数据库的房价数据等，考虑到人口普查的标准时点是当年11月1日零时，且流动人口的集聚过程相对于社会经济发展存在滞后性，所以，选取京津冀、长三角与珠三角城市群45个城市人口普查或人口抽样调查年份之前1年和2年的宏观社会经济数据。

2. 研究方法

除了应用文献分析法、比较研究法等研究方法之外，本书还应用了社会网络分析、空间计量分析和系统动力学等多种研究方法进行定量研究。

（1）社会网络分析

传统的空间计量分析方法多基于"相邻"地区的空间滞后关系进行实证

---

① 例如，"定居意愿"变量在2010年、2011年、2013年、2015年、2018年的问卷中没有合适的代表性问题。
② 粤港澳大湾区在2019年完成规划，而本研究中使用的数据其调查年份早于2019年，因此没有将粤港澳大湾区中的香港特别行政区与澳门特别行政区纳入研究对象。

分析，但无法分析人口流动的空间网络结构特征。随着城市间交通基础设施建设的日益完善，城市之间人口流动形成了复杂的空间网络结构关系。因此应用传统的空间计量方法很难准确分析流动人口集聚的网络格局。本书应用社会网络分析方法，分析城市群内部各城市之间的人口流动关系形成的流动人口空间集聚网络。

（2）重心分布、空间自相关、空间计量分析等方法

利用重心分布、空间自相关方法对京津冀、长三角和珠三角城市群的流动人口集聚格局与变动趋势进行比较研究，同时应用空间计量分析方法比较三大城市群流动人口集聚机制的差异，分析不同城市群流动人口集聚的共性与特殊性。

（3）条件混合过程（Conditional Mixed Process，CMP）

对于居留倾向的研究涉及多分类模型内生性问题的处理。工具变量法适用于处理因变量为二分类数据的模型的内生性问题，但不适用于处理多分类因变量的模型。为此，本研究采用 Roodman 开发的条件混合过程（CMP），以最大似然估计的方法处理多分类模型的内生性问题。

（4）系统动力学模型

常用的人口预测方法包括人口发展方程、年龄移算法、凯菲茨矩阵方程、人口—发展—环境（Population-Development-Environment，PDE）模型等，这些方法常将生育率等参数设置为高、中、低三个方案进行预测，这类预测结果可以为生育政策调整等社会政策提供参考数据。但是，这类人口预测方法也存在一些不足之处，预测模型中的生育率等参数的设置是否恰当很容易受到质疑。由于流动人口的规模受到人口子系统以外的劳动力市场、公共服务水平、工资收入等因素的影响，使得对流动人口的预测结果容易产生很大的偏误，这也是年龄移算法等常用的传统人口预测方法不太适合预测流动人口规模的原因。此外，常用的人口预测方法一般只能评价生育政策等人口政策对人口增长产生的影响，很难评价人口子系统以外的社会政策变动对人口增长产生的影响。

系统动力学模型与常用的人口预测方法相比具有优势。一方面，京津冀

城市群人口、资源、环境、经济等要素相互作用、相互关联，构成了复杂系统，系统动力学方法可以模拟社会经济因素变动对人口增长产生的影响。另一方面，系统动力学模型可以模拟政策效应，便于模拟不同的产业结构调整政策方案对人口增长带来的影响，适用于评估社会政策的效果。本研究将采用系统动力学方法进行研究，准确把握区域人口增长过程中社会经济、资源环境与人口子系统之间复杂的反馈关系，分析在系统反馈关系作用的影响下京津冀城市群流动人口以及常住人口的未来增长态势，理解不同的政策方案可能对人口增长带来的影响，为选择合理的政策方案提供理论支持。

第二章
京津冀城市群流动人口的集聚趋势、特征与模式

京津冀城市群作为中国人口集聚的活跃地区之一，是国家建设世界级城市群和参与全球竞争的重要空间载体，以强大的经济聚集力吸引了大量人口流入。在《京津冀协同发展规划纲要》中，京津冀协同发展的战略核心是疏解非首都功能，调整城市群内部的经济布局和人口格局，促进区域协调发展，形成新增长极。在政策影响下，京津冀城市群人口流动在近年来出现了新的变动态势，流动人口集聚规模的增速持续减缓，人口空间分布格局与重心也发生了转变。本章第一节梳理了相关文献，第二节利用人口普查资料和人口抽样调查资料，分析2000—2015年京津冀城市群流动人口集聚趋势与特征，第三节应用2017年和2018年的中国流动人口动态监测调查（CMDS）数据，分析京津冀城市群流动人口的人口学和社会经济特征、流动模式、家庭化特征以及居留意愿。

一、文献综述

对京津冀城市群流动人口集聚格局的研究较为丰富，多数研究认同京津两地对流动人口呈现双核吸引的态势（孙阳等，2016；王春蕊，2016；王振坡等，2016），流动人口集聚也影响了京津冀城市群的人口集聚态势，在地域上呈现西南稠密、东北稀疏的格局，交通干线沿线的人口地理集中度较高（袁婷等，2021）。这类研究分析的地域尺度不断缩小，从省域、市域逐渐缩

小为县域、网格尺度，例如，有研究从网格尺度分析，发现北京、天津和保定、廊坊部分市辖区中心的人口高度集聚（孙威等，2016），形成了以北京、天津、石家庄为中心的圈层结构（封志明等，2013）。

在时间维度上，京津冀城市群流动人口的集聚趋势不断加强，较为一致的结论是，流动人口向北京、天津集聚的趋势尤为明显（封志明等，2013；王桂新等，2012；尹德挺等，2016；张耀军，2015）。近年来，大数据分析技术为短时期流动人口集聚研究提供了新的思路，微博签到数据（潘碧麟等，2019；甄峰等，2012）、公交车刷卡数据（龙瀛等，2012）、移动通信数据（赵时亮等，2014）、百度迁徙数据（刘望保等，2016；叶强等，2017）等在相关研究中被广泛应用。近期利用大数据进行的分析发现，流动人口在北京、天津两地双核集聚的趋势有所改变（梁林等，2019b；王婧等，2018）。对京津冀城市群流动人口集聚的分析不乏与其他城市群进行的比较研究，由于人口总量、经济集聚水平相似，以及同属于国家级城市群，京津冀、长三角、珠三角城市群常是这类比较研究的分析对象。一些研究发现，京津冀、长三角与珠三角城市群仍是中国流动人口集聚的主要方向（刘涛等，2015），就流动人口集聚的空间结构来说，京津冀城市群和珠三角城市群均表现为"双核"极化的特征，而长三角城市群则呈现出"单核和多核"复合的结构；对比京津冀、长三角与珠三角城市群流动人口的集聚水平，发现京津冀城市群的集聚水平相对较弱（李建民，2014；孙阳等，2016），这种集聚过程的差异体现出不同城市群在历史基础、社会结构、产业模式和人口迁移选择等方面的差异（王桂新等，2006）。

除了上述关注京津冀城市群流动人口集聚趋势与空间格局的研究，一些研究更加关注流动人口的个体和社会经济特征。这些研究发现，京津冀城市群的流动人口以青壮年、低受教育程度、农业户籍为主体，并且大多为跨省流动，主要从事批发零售、住宿餐饮和社会服务业（陈明星等，2018；马小红等，2016）；相对于长三角和珠三角城市群，京津冀城市群流动人口拥有最高的受教育水平和最长的居住时间，从事商业和服务性行业的比例也高于其他城市群（夏贵芳等，2018）。流动人口的来源地以河北（陈明星等，

2018；王春蕊，2016）、山东、河南、黑龙江等省份为主（陈明星等，2018；夏贵芳等，2018）。

近年来，人口的流迁行为已从单人流动向家庭化流动、从暂时流动向长期定居转变，因此对京津冀城市群家庭化流动与长期居留的研究日益丰富。一些研究利用调查数据发现，京津冀城市群人口家庭化流动的态势日益明显，并呈现出一定的空间差异（王文刚等，2017）。京津冀城市群中北京和天津流动人口的居留意愿较强，但河北较弱（艾小青等，2019）。此外，京津冀城市群的流动人口呈现出较高的社会融入水平，具有经济融入高于空间融入等特征（田明，2013；夏贵芳等，2018）。

总体来说，对于京津冀城市群流动人口的集聚趋势与特征，以及利用调查数据分析流动人口的人口学和社会经济特征的研究比较丰富。然而，大多数的研究只是就流动人口的某一特征进行描述统计，其结论分散于不同的文献中，仍然需要系统地对京津冀城市群流动人口的集聚趋势与特征展开研究。本章将从人口流迁过程出发，对流动人口集聚趋势、流动模式、家庭化流动态势、居留意愿等方面进行分析，全面展现近年来京津冀城市群流动人口集聚的趋势、特征。

二、京津冀城市群流动人口集聚的宏观趋势与时期变动

本节将依据人口普查资料和抽样调查数据，分析京津冀城市群流动人口集聚趋势以及时期变动情况。在中国城乡二元结构背景下，人口与户籍制度有密切的关系（张展新等，2013），流动人口指现居住地与户口登记地分离，但长期在现居住地居住的人口，早期研究对流动人口分析范围的界定比较宽泛，指常住人口之外的所有人口，包括非户籍长期居住人口、短期逗留人口等（段成荣等，2008；郑桂珍等，1985）。目前更多的研究认同，对流动人口的界定需要满足现居住地与户口登记地分离和居住时间超过6个月两个特征。历次人口普查的调查项目中流动人口的统计口径存在差异，涉及两种计算口径（段成荣等，2008），其中第一种口径包括市辖区范围内跨乡镇、街

道流动的人口，市辖区范围外与省外的流动人口；第二种口径则不包括市辖区范围内跨乡镇、街道流动的人口，仅将市辖区范围外与省外流动划分为流动人口。不少文献将流动人口的两种统计口径进行了比较，大多选取第二种口径进行界定，即剔除了"市辖区内人户分离人口"（市辖区范围内跨乡镇、街道流动的人口）（段成荣等，2008；刘涛等，2015），本书中除特殊说明的情况外，同样依据流动人口的第二种口径进行分析。但是，由于2015年1%人口抽样调查资料中流动人口的户籍地来源、迁移原因以及受教育程度等指标仅统计了第一种口径的流动人口规模[①]，因此这部分的分析包含了市辖区范围内跨乡镇、街道流动的人口。

第五次、第六次人口普查以及2015年1%人口抽样调查中流动人口的统计口径详见表2.1。

表2.1 不同年份普查或抽样调查中的流动人口统计口径

年份	市辖区内		市辖区外	
2000	本县（市）其他乡、镇、街道	本市（区）其他乡、镇、街道	本省其他县（市）、市（区）	省外
2010	市辖区内人户分离		不包括市辖区内人户分离的省内人户分离	省外
2015	市辖区内人户分离		不包括市辖区内人户分离的省内人户分离	省外

1. 流动人口的集聚规模与速度

（1）流动人口规模持续增长，增长速度有所放缓

图2.1展示了2000—2015年京津冀城市群流动人口规模的变动特征，其中柱形图表示京津冀城市群的常住人口和流动人口规模，折线图则表示京津

[①] 抽样调查中的口径分类如下：按户口登记地、受教育程度、性别划分的户口登记地在外乡镇街道的人口，按现住地、性别、迁移原因划分的户口登记地在本省其他乡镇街道的人口或外省人口，按现住地、离开户口登记地时间划分的外乡镇街道人口或外省人口。

冀城市群的流动人口占常住人口的比例。数据显示,京津冀城市群常住人口规模、流动人口规模和流动人口占常住人口的比例持续增加,常住人口规模从2000年的9033万增长到2015年的11142万人,流动人口规模则从2000年的553万人增长到2015年的2086万人,流动人口规模占常住人口的比例从2000年的6.1%增长为18.7%。

分时期来看,京津冀城市群流动人口规模的增速由快转缓。京津冀城市群常住人口的年均增长速度在2000—2010年为1.5%,2010—2015年则下降为1.3%,与此同时,流动人口年均增长速度的下降更为明显,流动人口的年均增长速度在2000—2010年为12.5%,在2010—2015年则下降为3.1%。京津冀城市群流动人口与常住人口的年均增长速度放缓,反映出京津冀城市群流动人口集聚规模大、集聚速度逐渐降低的基本态势。

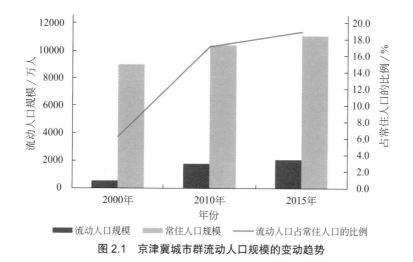

图2.1 京津冀城市群流动人口规模的变动趋势

图2.2中,左侧纵轴代表流动人口的规模,右侧纵轴则代表京津冀城市群流动人口占全国流动人口的比例,柱形与折线分别代表流动人口规模及其占全国流动人口规模的比例。结果显示,京津冀城市群的流动人口规模占全国流动人口规模的比例不断增加,2000—2015年从7.0%增长到8.4%,这意味着京津冀城市群对流动人口的集聚能力仍在提高,但是集聚速度有所放缓。

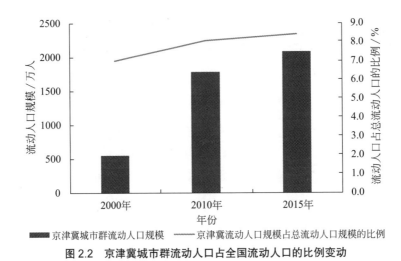

图 2.2 京津冀城市群流动人口占全国流动人口的比例变动

（2）多数城市的流动人口增长速度由快转慢，少数城市的流动人口呈现负增长特征

2000—2015 年京津冀城市群各城市常住人口和流动人口规模均有所提升，常住人口年均增长率低于流动人口。表 2.2、表 2.3 显示，以石家庄与衡水为代表的城市，在 2000—2015 年流动人口年均增长率保持较快增长趋势，除此之外的其他城市流动人口年均增长率经历了由"快"向"缓"的转变。

2000—2010 年，京津冀城市群各城市流动人口快速集聚。北京、天津、唐山、邯郸、张家口、保定、沧州、邢台、廊坊、承德以及衡水各城市流动人口年均增长率均超过 11%，石家庄和秦皇岛的流动人口年均增长率则为 8%~9%。

2010—2015 年，京津冀城市群各城市的流动人口增长态势发生了转变，按照流动人口的增长速度可以分为如下几类城市。第一，流动人口"规模大、增速缓"型城市。北京、天津流动人口双核集聚的态势没有改变，但流动人口增长速度由快转慢。2015 年北京流动人口规模为 860.8 万人，占常住人口的比例为 39.7%，天津流动人口规模为 420.2 万人，占常住人口的比例为 27.2%。分不同时期看，2000—2010 年北京、天津流动人口的年均增长率分别为 11.5% 和 15.8%，而 2010—2015 年则分别下降为 2.1% 和 4.1%。北京流动人口增长速度明显下降，可能是受到政策环境变动的影响，近年来实施的非首都功能疏解政策使不符合北京城市功能的产业被疏解，带动就业人口流向周边城市。第二，流动人口"规模大、增速快"和"规模小、增速快"型城市，分别为石家庄、衡水。这两个城市在2010—2015年呈现出流动人口规模快速扩张的趋势，城市对流动人口的集聚能力有所增强。第三，流动人口"负增长"型城市。2010—2015年，邯郸、张家口、沧州以及廊坊的流动人口规模年均增长率均为负，其中张家口流动人口的流出规模最大，流动人口年均增长率为 –2.9%，"负增长"型城市对流动人口的集聚能力有所减弱。

表2.2 2000—2015年京津冀城市群各城市流动人口的规模与占常住人口的比例

城市	常住人口规模/万人			流动人口规模/万人			流动人口占常住人口的比例/%		
	2000年	2010年	2015年	2000年	2010年	2015年	2000年	2010年	2015年
北京	1363.6	1961.9	2170.5	260.4	776.0	860.8	19.1	39.6	39.7
天津	1001.1	1299.3	1547.0	79.1	343.9	420.2	7.9	26.5	27.2
石家庄	924.2	1017.5	1070.2	46.9	111.5	173.0	5.1	11.0	16.2
唐山	704.0	758.2	780.1	19.6	72.4	83.0	2.8	9.5	10.6
邯郸	838.8	918.8	943.3	18.1	55.7	53.4	2.2	6.1	5.7
张家口	419.1	434.9	442.2	18.6	74.0	63.8	4.4	17.0	14.4
保定	1047.4	1120.8	1155.2	33.1	95.8	108.9	3.2	8.5	9.4
沧州	663.9	714.3	744.3	16.8	51.2	50.7	2.5	7.2	6.8
秦皇岛	275.4	299.0	307.3	17.0	38.8	48.5	6.2	13.0	15.8
邢台	664.5	711.4	729.4	12.8	40.7	45.2	1.9	5.7	6.2
廊坊	383.2	436.4	456.3	17.1	63.6	62.4	4.5	14.6	13.7
承德	332.4	347.6	353.0	6.1	37.6	51.0	1.8	10.8	14.4
衡水	415.7	434.6	443.5	7.0	26.4	65.2	1.7	6.1	14.7

表2.3 京津冀城市群各城市流动人口与常住人口的增长速度

城市	流动人口年均增长率/%		常住人口年均增长率/%	
	2000—2010年	2010—2015年	2000—2010年	2010—2015年
北京	11.5	2.1	3.7	2.0
天津	15.8	4.1	2.6	3.6

续表

城市	流动人口年均增长率 / %		常住人口年均增长率 / %	
	2000—2010 年	2010—2015 年	2000—2010 年	2010—2015 年
石家庄	9.0	9.2	1.0	1.0
唐山	14.0	2.8	0.7	0.6
邯郸	11.9	-0.8	0.9	0.5
张家口	14.8	-2.9	0.4	0.3
保定	11.2	2.6	0.7	0.6
沧州	11.8	-0.2	0.7	0.8
秦皇岛	8.6	4.6	0.8	0.5
邢台	12.3	2.1	0.7	0.5
廊坊	14.0	-0.4	1.3	0.9
承德	19.9	6.3	0.4	0.3
衡水	14.2	19.8	0.4	0.4

（3）北京、天津、石家庄保持着流动人口集聚的优势地位

表 2.4 显示，2000—2015 年北京、天津与石家庄的流动人口占京津冀城市群流动人口的比例稳居前三，说明京、津、石在城市群中保持流动人口集聚的优势地位。但是从增长趋势来看，2000—2015 年除了天津、承德与衡水保持稳定增长趋势以外，其他城市流动人口在京津冀城市群流动人口中的占比均发生了下降，流动人口集聚能力有所降低。2000—2015 年少数城市流动人口在城市群总流动人口规模中的占比发生先降后增，如石家庄、秦皇岛；而唐山、张家口、廊坊的流动人口占比出现了先增后降。

表 2.4 2000—2015 年各城市流动人口占京津冀城市群总流动人口规模的比例

城市	占城市群流动人口比例 / %			年均增长率 / %	
	2000 年	2010 年	2015 年	2000—2015 年	2010—2015 年
北京	47.1	43.4	41.3	-0.8	-1.0
天津	14.3	19.2	20.1	3.0	0.9
石家庄	8.5	6.2	8.3	-3.1	6.0
唐山	3.5	4.1	4.0	1.6	-0.5
邯郸	3.3	3.1	2.6	-0.6	-3.5

续表

城市	占城市群流动人口比例 / %			年均增长率 / %	
	2000 年	2010 年	2015 年	2000—2015 年	2010—2015 年
张家口	3.4	4.1	3.1	1.9	-5.4
保定	6.0	5.4	5.2	-1.0	-0.8
沧州	3.0	2.9	2.4	-0.3	-3.7
秦皇岛	3.1	2.2	2.3	-3.4	0.9
邢台	2.3	2.3	2.2	0.0	-0.9
廊坊	3.1	3.6	3.0	1.5	-3.6
承德	1.1	2.1	2.4	6.7	2.7
衡水	1.3	1.5	3.1	1.4	15.6

2. 京津冀城市群流动人口的流入原因分析

已有研究多将流动人口的流动原因分为经济型流动和社会型流动两类（段成荣等，2008；梁土坤，2016；杨雪等，2019），但是这些研究对因教育而流动的类型划分相对模糊，如杨雪等（2019）的分析中对流入原因的分类没有考虑教育因素，而段成荣等（2008）和梁土坤（2016）则将教育因素归类为因经济原因而流入。借鉴已有研究，本研究将流动人口的流入原因划分为发展型流动和社会型流动，其中，发展型流动包括经济原因和教育原因，社会型流动则包括家庭原因和迁移原因，如表 2.5 所示[①]。

表 2.5 京津冀城市群流动人口的流入原因分类

流入原因		2010 年	2015 年
发展型原因	经济原因	务工经商 工作调动	工作就业
	教育原因	学习培训	学习培训 为子女就学

---

① 第五次人口普查资料中不涉及各省份流动人口流动原因的统计，因此未汇总 2000 年的数据。受统计口径的影响，包含了市辖区内人户分离的流动人口。

续表

流入原因		2010年	2015年
社会型原因	家庭原因	随迁家属	随同迁移
		投亲靠友	婚姻嫁娶
		婚姻嫁娶	
	迁移原因	拆迁搬家	房屋拆迁
		寄挂户口	改善住房
			寄挂户口

本研究将分别阐述京津冀城市群流动人口的流动原因，并按照流动人口的来源地分为省内流入（省内及直辖市内）及省外流入（省外及直辖市外），比较省内和省外流入的原因差异，结果见表2.6。

表2.6 京津冀城市群各城市流动人口的流入原因分布

城市	省内流入的原因							
	经济/%		教育/%		家庭/%		迁移/%	
	2010年	2015年	2010年	2015年	2010年	2015年	2010年	2015年
北京	18.6	16.2	8.1	10.7	28.9	30.5	33.7	36.1
天津	11.7	13.0	5.5	8.8	21.5	28.3	41.1	43.4
石家庄	27.6	25.2	21.8	35.5	26.9	20.5	12.2	12.1
唐山	21.3	38.4	15.0	2.3	30.3	36.9	18.6	17.9
邯郸	25.3	16.1	18.3	36.5	29.2	27.4	14.8	14.0
张家口	26.8	32.4	15.0	13.3	32.0	36.6	10.1	10.2
保定	25.3	32.3	21.9	5.1	25.9	36.2	12.0	16.9
沧州	26.3	30.1	20.7	13.7	27.3	30.9	12.3	17.4
秦皇岛	27.8	21.0	11.2	12.1	36.2	32.7	14.8	24.5
邢台	29.1	28.7	19.5	15.3	30.0	33.3	11.4	11.4
廊坊	23.1	21.4	19.6	23.7	32.0	29.1	12.0	21.1
承德	36.0	42.6	16.2	11.8	30.7	22.8	11.4	14.5
衡水	33.4	35.7	27.8	37.2	25.3	17.0	4.7	5.8
城市	省外流入的原因							
	经济/%		教育/%		家庭/%		迁移/%	
	2010年	2015年	2010年	2015年	2010年	2015年	2010年	2015年
北京	77.5	68.9	4.7	9.5	15.4	18.1	0.8	1.0

续表

城市	省外流入的原因							
	经济 / %		教育 / %		家庭 / %		迁移 / %	
	2010年	2015年	2010年	2015年	2010年	2015年	2010年	2015年
天津	80.8	70.5	3.7	8.4	10.2	15.7	1.4	2.3
石家庄	56.3	39.4	15.4	44.8	21.0	11.1	1.4	0.4
唐山	63.1	42.7	4.6	2.8	24.4	45.2	2.3	2.6
邯郸	51.6	47.2	7.9	8.5	28.3	31.0	4.5	3.2
张家口	48.9	60.9	14.2	4.2	29.0	29.1	1.5	0.9
保定	51.0	51.2	13.4	2.3	24.3	33.9	1.8	0.4
沧州	57.2	72.6	10.7	1.7	23.9	17.4	1.5	2.9
秦皇岛	48.8	40.5	5.4	4.2	37.0	35.6	2.6	8.5
邢台	53.2	36.4	8.8	6.2	31.2	44.5	1.5	2.8
廊坊	52.7	49.6	2.9	8.1	32.6	29.6	2.7	2.7
承德	62.0	38.7	11.1	42.3	21.4	12.0	3.1	3.1
衡水	56.9	84.1	2.4	1.8	29.2	9.2	4.4	0.5

注：未包含流入原因是"其他"的分类，因此经济、教育、家庭、迁移原因在不同年份的汇总小于100%。第五次人口普查资料无法对迁移原因进行分类，因此这里仅分析了2010年和2015年的数据。

第一，省外流入以经济原因为主，省内流入因经济原因驱动的比例较省外流动低。省内流入中，2010年河北各城市的流动人口因经济原因而流入的比例为21.3%~36%，高于北京和天津，这种特征在2015年依旧明显，仅邯郸的这一比例下降。省外流动中，经济原因所占比例最高，2010年河北各城市因经济原因流入的流动人口比例为48.8%~63.1%，而北京、天津流动人口因经济原因而流入的比例则达到约80%。但是，2010—2015年北京、天津两市的流动人口因经济原因从直辖市外流入的比例发生了下降，河北各城市中除了张家口、保定、沧州、衡水之外，省外流入的比例也呈现出下降的态势。

第二，教育原因方面，河北各城市的流动人口因教育原因而选择省内流入的比例总体上高于北京、天津。2010年河北的各城市因教育原因省内流入的流动人口比例为11.2%~27.8%，而北京和天津因教育原因发生直辖市内流入的流动人口比例分别仅为8.1%和5.5%。2015年，除了唐山、张家口、保定、沧州、邢台、承德之外，北京、天津以及河北其他城市的流动人口因教育原因而省内流入的比例均有所提升。因教育原因省外流入的比例在不同城市间差异较大，但整体处于较低水平。2010年，河北各城市的流动人口因教育原因省外流入的比例在2.4%~15.4%的范围内波动，北京和天津流动人口因教育原因自直辖市外流入的比例分别为4.7%和3.7%，在京津冀城市群中居于低位。2015年北京、天津、石家庄、邯郸、廊坊与承德等城市因教育原因而省外流入的比例均有所提高。整体而言，教育原因在省内和省外流动中所占的比例在多数城市有所提高，这体现出公共服务对流动人口保持着持续的吸引力。

第三，因家庭原因发生省内或省外流入的比例相差不大。京津冀城市群各城市的流动人口因家庭原因而发生省内流入的比例较为稳定，且这一比例在2010—2015年之间没有发生太大波动。北京、天津流动人口因家庭原因而自直辖市外流入的比例处于低位，2010年时分别为15.4%和10.2%，低于其他城市，但是近年来有所提高，到2015年，北京、天津流动人口因家庭原因自直辖市外流入的比例分别提高至18.1%、15.7%。2010年河北省各城市的流动人口因家庭原因发生省外流入的比例为21%~37%，到2015年出现了一些波动，为9.2%~45.2%。可见家庭团聚是吸引流动人口向京津冀城市群集聚的主要因素。

第四，迁移原因是流动人口发生省内流入的主要原因，但不是省外流入的主要原因。2010年北京、天津流动人口因迁移原因发生直辖市内流入的比例分别达到33.7%和41.1%，到2015年这一比例均有所提升，达到36.1%和43.4%。2010年河北省各城市的流动人口因迁移原因发生省内流入的比例为10.1%~18.6%（衡水除外），在2015年该比例没有发生明显的变化。2010年京津冀城市群的流动人口因迁移原因而发生省外流入的比例较低，而这一特征在2015年没有发生明显变化。

第五，京津冀城市群流动人口的流入原因以发展型原因为主。将流动人口流入城市的经济、教育、家庭、迁移原因整合为发展型和社会型原因两类（见表2.7），结果表明省内流入以社会型原因为主，省外流入则以发展型原因为主。2015年,因社会型原因而省内流入北京、天津、唐山、保定、秦皇岛、廊坊等城市的流动人口达到50%以上;因发展型原因跨省流入北京、天津、石家庄、沧州、承德、衡水的流动人口比例超过70%,这意味着京津冀城市群省外流动人口的流入原因以追求个人收入、教育等发展型原因为主。

表2.7 京津冀城市群各城市流动人口因发展型原因与社会型原因流入的比例

城 市	发展型原因				社会型原因			
	省内流入 / %		省外流入 / %		省内流入 / %		省外流入 / %	
	2010年	2015年	2010年	2015年	2010年	2015年	2010年	2015年
北京	26.7	26.9	82.2	78.4	62.6	66.6	16.3	19.1
天津	17.2	21.8	84.4	78.9	62.6	71.7	11.6	18.0
石家庄	49.4	60.7	71.7	84.2	39.1	32.6	22.5	11.5
唐山	36.2	40.7	67.7	45.5	48.9	54.8	26.7	47.8
邯郸	43.7	52.7	59.5	55.6	44.1	41.4	32.8	34.2
张家口	41.8	45.7	63.1	65.0	42.0	46.9	30.5	30.1
保定	47.2	37.4	64.4	53.5	37.9	53.1	26.1	34.3
沧州	47.0	43.8	67.8	74.3	39.6	48.4	25.5	20.3
秦皇岛	39.0	33.1	54.1	44.7	50.9	57.2	39.5	44.2
邢台	48.6	44.0	62.0	42.6	41.3	44.6	32.7	47.2
廊坊	42.7	45.1	55.6	57.7	44.0	50.2	35.3	32.3
承德	52.2	54.4	73.1	81.0	42.0	37.3	24.5	15.1
衡水	61.2	72.9	59.2	86.0	29.9	22.8	33.6	9.8

注:未包含流入原因是"其他"的分类,因此发展型、社会型原因在不同年份的汇总小于100%。

3. 流动人口的受教育程度有所提升

表2.8显示,2010—2015年京津冀城市群省内和省外流入的流动人口平均受教育年限分别从11.7年和10.1年增加至12.3年和10.9年,即平均达到了初中以上受教育水平。到2015年年底,京津冀城市群省外和省内流入的流动人口中大专及以上受教育水平所占比例分别为40.4%和24.6%,明显高于2010年的水平。这表明,京津冀城市群的流动人口呈现高学历化的变动趋势,流动人口受教育水平在近年来有所提升。此外,2010—2015年,省内流动人

口的平均受教育水平普遍高于跨省流动人口，其原因在于不少省内流动人口是追求教育资源和子女就学而流动，因此平均受教育水平较高。

表2.8 京津冀城市群流动人口的受教育程度分布

年份	城市/城市群	小学及以下/%		中学（含高职）/%		大专、本科/%		研究生及以上/%		平均受教育年限/年	
		省内	省外	省内	省外	省内	省外	省内	省外	省内	省外
2010年	北京	8.3	10.2	40.6	65.5	45.0	22.9	6.1	1.5	13.0	10.9
	天津	11.3	17.4	56.6	72.8	30.7	9.5	1.4	0.3	11.6	9.6
	河北	14.3	20.0	64.0	63.0	21.2	16.6	0.4	0.4	10.7	9.7
	京津冀城市群	12.2	13.3	56.3	67.1	29.4	18.6	2.2	1.0	11.7	10.1
2015年	北京	8.1	11.4	34.8	50.9	47.6	34.0	9.4	3.6	13.4	11.8
	天津	8.8	15.5	49.4	67.5	39.6	16.5	2.2	0.5	12.4	10.1
	河北	13.7	12.7	61.3	62.1	24.2	24.4	0.7	0.8	11.0	10.8
	京津冀城市群	10.2	14.0	49.4	61.5	36.7	23.0	3.7	1.6	12.3	10.9

注：(1) 第五次人口普查资料中不涉及流动人口受教育程度与户口登记地数据，因此未汇总2000年的数据。受统计口径影响，第六次人口普查和2015年人口抽样调查数据无法将市内人户分离的流动人口从省（直辖市）内流动人口中区分出来，因此2010年和2015年的省内流动人口包含市内人户分离的流动人口。(2) 因存在四舍五入，各项加总后存在不等于100%的情况。以下表中也存在此类情况，不再一一说明。

2010年跨省流动和省内流入人口中小学及以下受教育程度占比最高的均为河北，这意味着受教育程度较低的流动人口在河北集聚的水平最高，而大专及以上受教育程度的流动人口在北京、天津的占比明显高于河北。

4. 长期化流动趋势日益明显

京津冀城市群中长期居住的流动人口所占比例逐渐提升，反映出长期化流动的特征[①]。2010—2015年，在流入地居住时间三年以下的流动人口所占比

---

① 因人口普查资料中的居住时间数据无法将市辖区内的流动人口区分开来，故此处以第一口径计算流动人口。

例从 52.2% 降低到 42%，居住时间在三至五年的流动人口约占 17%，变化不明显，而居住时间在五年以上的流动人口所占比例则从 30.3% 提升到 40.5%（见图 2.3）。农村剩余劳动力供给下降使得新进入城市群的流动人口规模减小，而拥有长期居留意愿的比例较高，这些原因使流动人口短期居留的占比下降，而中长期居留的占比提升。

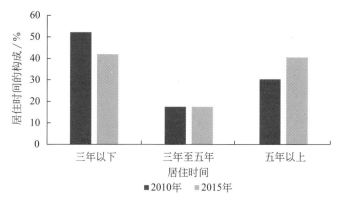

图 2.3　京津冀城市群流动人口的居住时间分布

京津冀城市群不同城市的流动人口也呈现出长期化流动的特征。除了石家庄、保定、沧州、廊坊与衡水居住时间在五年以上的流动人口所占比例下降，其余城市均有所提升，北京、天津、唐山、张家口、邢台与承德等城市出现了较大增幅，平均增幅在 25% 以上（见图 2.4）。从这些城市分布的地理区位来看，流动人口长期居住比例提升的城市大多位于京津冀城市群的北部，这意味着南部城市流动人口的短期流动特征更明显。

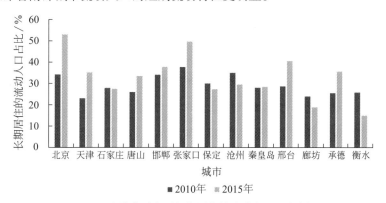

图 2.4　京津冀城市群长期居住的流动人口所占比例

三、京津冀城市群流动人口的微观特征

1. 流动人口的人口学与社会经济特征

为了分析京津冀城市群流动人口的年龄、受教育程度等人口学特征，以及住房、行业集聚等社会经济特征，应用2018年中国流动人口动态监测调查（CMDS）数据展开分析。2018年 CMDS 数据涉及京津冀城市群有效样本量为17000人，在空间范围上涵盖京津冀城市群的13个城市。各城市的样本量为：北京7000人，天津5000人，河北共计5000人，其中保定600人，唐山360人，廊坊800人，张家口240人，承德160人，沧州200人，石家庄2000人，秦皇岛120人，衡水200人，邢台160人，邯郸160人。

（1）京津冀城市群流动人口的主体为25~39岁年龄组人口

第一，25~39岁流动人口占比最高，年轻女性是经济型流动的主体。

京津冀城市群流动人口的被访者中25~39岁年龄组的人口比例较高。在35岁以下年龄组中，20~24岁、25~29岁以及30~34岁年龄组女性流动人口的规模高于男性，女性流动人口更加年轻化（见图2.5）。这意味着，年轻女性流动人口在京津冀城市群流动人口中所占比例较高，已成为经济型流动的主体。高龄组流动女性占比则低于男性，这是由于在传统家庭分工中，受到社会性别模式的影响，女性以从事家庭劳动中的"内"事务为主，高年龄组女性容易因照料子女、老人等家庭责任主动选择回流。2017年的 CMDS 数据显示，76.89%的40~65岁女性在离开京津冀后会返回户籍地。

在25~39岁年龄组女性流动人口中，受教育水平为大专及以上的比例达到38.74%，同时，高等学历（大学本科及以上）女性的月收入达7239元，而受教育水平为中等学历（初中、中专或高中）和初等学历（小学及以下）女性的月收入分别为4205元和3421元。由于城市存在二元劳动力市场，拥有更高受教育水平的女性更容易突破户籍和城乡的双重障碍获取就业机会，客观上促使流动女性的受教育水平日益提高。

第二章 京津冀城市群流动人口的集聚趋势、特征与模式

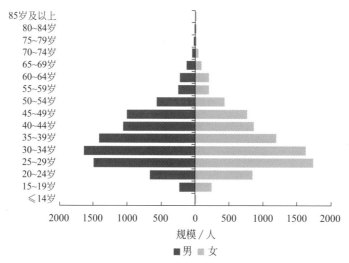

图 2.5　京津冀城市群流动人口的性别年龄金字塔

数据来源：2018 年中国流动人口动态监测调查（CMDS）。如无特殊说明，本章以下其他图表数据来源相同。

第二，超大城市中年轻流动人口占比较高。

根据国务院 2014 年《关于调整城市规模划分标准的通知》中提出的城市划分标准，以城区常住人口为统计口径将城市划分为五类七档。依据人口普查资料和城市划分标准对京津冀城市群的 13 个城市进行分类，其中，北京为超大城市（城区常住人口 1000 万以上），天津、石家庄为特大城市（城区常住人口 500 万以上 1000 万以下），唐山、保定、邯郸为Ⅰ型大城市（城区常住人口 300 万以上 500 万以下），秦皇岛、邢台、张家口、承德、沧州、廊坊、衡水为Ⅱ型大城市（城区常住人口 100 万以上 300 万以下）。

1980 世代[①]、1990 世代流动人口在超大城市中所占的比例为最高和次高，分别为 39.46% 和 21.29%。在不同城市类型中，1980 世代的流动人口比例均为最高（见表 2.9）。1980 世代流动人口的最低年龄已经超过 30 岁，该年龄组流动人口的流动经历与资本积累均高于 1990 世代。根据 Piore 的二元劳动力市场分割理论，城市劳动力市场对流动人口具有年龄选择性，1980 世代的

---

① 1980 世代指 1980—1989 年出生的人口，以此类推。

流动人口与1970世代、1960世代和1950世代流动人口相比在获取就业机会方面具备优势,因此1980世代成为流动人口中的主力军,而高龄组流动人口就业机会减少,部分流动人口会在受到劳动力市场的"年龄歧视"后选择返回流出地。

表2.9 京津冀城市群不同城市类型中流动人口的出生年代分布

世代	超大城市 规模/人	超大城市 比例/%	特大城市 规模/人	特大城市 比例/%	I型大城市 规模/人	I型大城市 比例/%	II型大城市 规模/人	II型大城市 比例/%
1950世代以前	105	1.50	49	0.70	8	0.71	31	1.65
1950世代	379	5.41	233	3.33	42	3.75	94	5.00
1960世代	729	10.41	723	10.33	147	13.13	272	14.47
1970世代	1483	21.19	1742	24.89	290	25.89	452	24.04
1980世代	2762	39.46	2738	39.11	366	32.68	600	31.91
1990世代	1490	21.29	1456	20.80	243	21.70	397	21.12
1990世代以后	52	0.74	59	0.84	24	2.14	34	1.81
合计	7000	100	7000	100	1120	100	1880	100

(2)初中及以上受教育水平的流动人口占比较高,超大城市人才集聚优势明显

初中受教育水平的流动人口在京津冀城市群流动人口中所占比例最高,其次分别为大学专科/本科和高中/中专受教育水平的流动人口,这表明京津冀城市群流动人口集聚了一部分受教育程度较高的人才(见表2.10)。

表2.10 京津冀城市群流动人口受教育程度分布

受教育程度	规模/人	比例/%
小学及以下	2079	12.23
初中	6825	40.15
高中/中专	3788	22.28
大学专科/本科	4052	23.83
研究生及以上	256	1.51
合计	17000	100

流动人口的教育结构具有地域差异，北京的流动人口中高等教育所占比例高于天津和河北的各城市[①]，体现出人才集聚优势（见表2.11），其原因在于北京与其他地区相比具有高收入和优质公共服务供给的优势，能够吸引人才流入。北京与京津冀城市群其他地区的收入差距近年来仍在扩大，据《中国统计年鉴2021》，北京、天津、河北的居民人均可支配收入分别为60433.5元、43854.1元和27135.9元，全国居民平均可支配收入为32188.8元；2000年时北京、天津和河北的居民人均可支配收入分别为10349.69元、8140.5元以及5661.16元。二元经济结构下劳动力迁移依据乡—城实际收入差异贴现值作出决策，该值受到迁移者的就业机会、迁移的固定成本以及城市实际收入净期望值的影响。因此，在更高迁移回报的吸引下，受过高等教育的流动人口不断向北京集聚。

表 2.11　分省（直辖市）的京津冀城市群流动人口受教育水平分布

省／直辖市	初等教育水平		中等教育水平		高等教育水平	
	规模／人	比例／%	规模／人	比例／%	规模／人	比例／%
北京	629	8.99	3757	53.67	2614	37.34
天津	749	14.98	3351	67.02	900	18.00
河北	701	14.02	3505	70.10	794	15.88

京津冀城市群中不同类型的城市对人才集聚的优势呈现差异（见表2.12），超大城市中高等教育水平的流动人口占比达到37.34%，特大城市次之，约为18.47%。随着城市规模缩小，高等教育水平流动人口的占比不断降低，而初等教育水平流动人口的比例则不断上升，这同样是在就业机会、工资收入、公共服务供给等因素的综合影响下，不同受教育水平的流动人口对流入城市作出的选择。

[①] 此处将受教育样本进行重新分类，将未上过学及小学划分为初等教育水平，初中、高中（中专）划分为中等教育水平，大学专科及以上划分为高等教育水平。

表2.12　分城市类型的京津冀城市群流动人口受教育水平分布

城市类型	初等教育水平		中等教育水平		高等教育水平	
	规模/人	比例/%	规模/人	比例/%	规模/人	比例/%
超大城市	629	8.99	3757	53.67	2614	37.34
特大城市	945	13.5	4762	68.03	1293	18.47
Ⅰ型大城市	179	15.98	801	71.52	140	12.50
Ⅱ型大城市	326	17.34	1293	68.78	261	13.88

（3）仍以农业户籍流动人口为主体

农业户籍的流动人口占据京津冀城市群流动人口的多数，其比例达到75.16%，非农户籍流动人口的比例仅为21.92%。北京的农业户籍流动人口所占比例最低，为64.34%，天津与河北各城市的农业户籍流动人口比例均高于北京（见图2.6）。尽管当前京津冀城市群流动人口仍然以农业户籍为主，但北京流动人口的"城—城"流动特征更为明显。

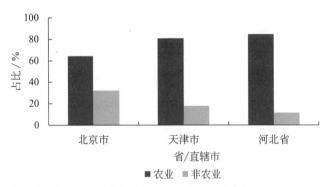

图2.6　分省（直辖市）的京津冀城市群流动人口户口性质分布

（4）部分城市中流动人口的住房支出负担较重

Bogdon（1997）将收入的30%作为住房可支付性标准，即当住房支出与收入之比超过30%时，流动家庭面临的住房支付压力较大。我们将流动家庭住房支出—收入比定义为流动家庭每月用于住房的支出（包括房贷或房租）与月收入的比值，用于衡量住房支出的承担能力。表2.13显示，秦皇岛、石家庄等城市流动人口的住房支出占总收入的比例甚至超过了北京、天津这类超大城市和特大城市,这意味着这些城市流动人口住房支出的承担能力相对不足。

此外,我们还考虑了流动家庭住房支出—支出比,定义为流动家庭每月用于住房的支出(包括房贷或房租)与月支出的比值,用于衡量家庭住房支出的负担水平。数据显示,北京、秦皇岛、石家庄、廊坊等城市的住房支出—支出比高于其他城市,意味着上述城市流动人口住房支出负担水平较高,其住房支出已成为生活支出的重要组成部分。

表 2.13 京津冀城市群流动人口的住房支出与收入情况

城市	月均住房支出/元	月均收入/元	月均总支出/元	住房支出—收入比/%	住房支出—支出比/%
北京	1849	12366	5861	14.95	31.55
天津	992	7494	3738	13.24	26.54
保定	606	6109	2879	9.92	21.05
唐山	727	5866	2758	12.39	26.36
廊坊	871	6754	3034	12.90	28.71
张家口	560	4513	2462	12.41	22.75
承德	579	6079	3244	9.52	17.85
沧州	565	6358	3068	8.89	18.42
石家庄	943	6177	3164	15.27	29.80
秦皇岛	1201	6843	3859	17.55	31.12
衡水	830	5977	2982	13.89	27.83
邢台	671	5401	3094	12.42	21.69
邯郸	510	5248	2550	9.72	20.00

(5)流动人口的社区集聚与行业特征相关

如表 2.14 所示,京津冀城市群的流动人口主要集聚在社区。不同居住地的流动人口在行业分布上表现出差异,居住在社区的流动人口其就业集中于批发零售业,住宿餐饮业,居民服务、修理和其他服务业,这些行业多向周边居民提供服务,通过服务业集聚引发流动人口居住集聚;此外,由于金融业、房地产业、租赁和商务服务业、科研和技术服务业等行业需要依附城市中心发展,因此从事这些行业的流动人口大多居住在社区中。在村委会居住的流动人口,其就业行业集中于制造业、批发零售业和住宿餐饮业,上述行业多属于劳动密集型行业,不少就业地点远离市区,位于生产成本较低的农村或者郊区。

表 2.14 分行业的京津冀城市群流动人口集聚社区分布

行业	社区 / %	村委会 / %
农林牧渔业	0.41	1.12
采矿业	0.13	0.00
制造业	6.88	23.14
电力、热力、燃气及水生产和供应业	0.54	0.37
建筑业	6.36	10.31
批发零售业	22.70	21.96
交通运输、仓储和邮政业	4.81	4.74
住宿餐饮业	16.02	14.18
信息传输、软件和信息技术服务业	7.62	3.99
金融业	3.02	0.81
房地产业	3.80	2.11
租赁和商务服务业	0.87	0.73
科研和技术服务业	1.54	0.65
水利、环境和公共设施管理业	0.69	0.30
居民服务、修理和其他服务业	14.93	11.37
教育	3.12	1.18
文化、体育和娱乐业	2.38	0.69
公共管理、社会保障和社会组织	0.72	0.43
国际组织	0.04	0.00
卫生	2.64	1.44
社会工作	0.78	0.49
合计	100	100

2. 京津冀城市群人口的流动模式

流动人口在从乡村流入城市后,往往还会频繁地在多个城市进行空间流动,既可能在多个同等级城市之间横向流动(田明,2013),也可能从低收入、公共服务发展水平较低的城市向高收入、提供优质公共服务的城市流动。目前,对于京津冀城市群流动人口进行的研究大多关注流动人口的集聚水平,很少分析流动人口的流动历程和经历。本节利用微观数据刻画京津冀城市群中流动人口的流动全过程,即从流动人口的来源、流动历程、流动时间、流经城市数量、流动距离等角度,展现京津冀城市群人口流动的模式与规律。

(1)京津冀城市群流动人口的来源地

2018年CMDS数据显示,京津冀城市群的流动人口主要来源地为河北,所占比例达到33.74%,其次为来自河南以及山东的流动人口,分别占11.48%和11.26%;来自东三省(黑龙江、吉林、辽宁)的流动人口占比达到12.44%。上述数据表明,流动人口的主要来源地均是地缘邻近的省份,向京津冀城市群流动具有地理距离上的优势。

北京、天津流动人口的户籍来源地地理分布特征如下:北京流动人口的户籍来源地所占比例最高的是河北,达到26.64%,来源于河南、山东、黑龙江、安徽的流动人口次之,分别为14.04%、8.8%、6.1%和5.96%,上述户籍来源地的比例合计达到61.54%。天津流动人口的户籍来源地与北京类似,以河北为最高,达到22.4%,其次为山东、河南、黑龙江、安徽,分别为19.9%、11.9%、10.46%、7.06%,以上户籍来源地的比例共计为71.72%。这显示出,北京和天津流动人口中的大部分来自京津冀城市群以外地理距离较近的省份,表现出城市群外部人口流动的特征。

与北京、天津的情况不同,河北各城市呈现出城市群内部人口流动的特征。以河北各城市的情况来说,户籍地为河北的流动人口达到54.32%,即河北各城市的流动人口中半数以上来自省内流动。表2.15将河北各城市来自省内的流动人口比例由高到低进行排序,结果显示,邢台、张家口、衡水、石家庄、承德、邯郸来自河北省内的流动人口超过半数,而沧州、保定、秦皇岛、唐山、廊坊的流动人口中来自河北省内的比例相对较低,只有廊坊表现出与北京、天津类似的流动人口城市群外部来源特征。除了省内流动之外,河北各城市流动人口主要的户籍来源地是黑龙江、河南等省份。显然,河北各城市的流动人口有更强的"不远游"的倾向。

表 2.15　河北各城市流动人口户籍来源的省内与省外分布

城市	流动人口/人	河北户籍流动人口/%	其他省份户籍流动人口/%
邢台	160	83.75	16.25
张家口	240	73.33	26.67
衡水	200	69.50	30.50
石家庄	2000	68.25	31.75
承德	160	65.00	35.00
邯郸	160	61.88	38.13
沧州	200	46.00	54.00
保定	600	41.33	58.67
秦皇岛	120	39.17	60.83
唐山	360	36.11	63.89
廊坊	800	22.75	77.25
合计	5000	54.32	45.68

（2）流动人口的流动历程

第一，流动人口的初次流入地多为京津冀。

流动人口在寻找就业机会、获取更高经济收入的流动过程中，往往历经流入地的多次变动。由于 2018 年 CMDS 缺少流动经历方面的数据，因此选取 2017 年 CMDS 数据进行补充分析（见表 2.16）。

京津冀城市群流动人口在初次流动时多数进入京津冀、珠三角、长三角和山东半岛城市群，其中初次流入地为京津冀城市群的比例高达 84.31%，且这部分流动人口的平均流经城市数量仅为 1.45 个。初次流入地为京津冀城市群的流动人口中多数有较强的内部流动特征，且居住的稳定性比较强。

有其他城市群流动经历的流动人口，大多首先进入经济发展水平较高的沿海城市群，如长三角、珠三角等城市群，这些城市群往往与京津冀城市群形成人口流动的网络关系，城市群间的人口流动比较频繁。受到地缘因素影响，初次流入地为山东半岛城市群的流动人口中有一部分也会选择流向京津冀城市群。这意味着京津冀城市群的流动人口呈现出地域选择性，会在初次流动时选择国家级城市群、经济发展程度较高的城市群，或者具有地缘优势的邻近城市。

初次流动时进入珠三角、长三角、山东半岛城市群的流动人口经历一定的流动过程后才会再流入京津冀城市群。这部分流动人口在进入京津冀城市群前平均流经约3个城市。滇中、兰西城市群由于距离京津冀城市群较远，流动人口需要更频繁的流动（平均需流经5个以上城市）才能到达京津冀城市群。

表2.16 初次流入的城市群与流经城市数量

城市群	初次流入的城市群		流经城市数量	
	规模/人	比例/%	均值/个	标准差
京津冀城市群	14316	84.31	1.45	1.38
珠三角城市群	489	2.88	3.38	3.94
长三角城市群	448	2.64	3.26	2.40
山东半岛城市群	329	1.94	2.88	2.08
哈长城市群	226	1.33	3.31	3.44
辽中南城市群	218	1.28	2.69	1.28
海峡西岸城市群	173	1.02	3.15	2.09
中原城市群	164	0.97	3.32	2.37
长江中游城市群	143	0.84	3.36	2.96
晋中城市群	105	0.62	3.72	5.15
关中城市群	77	0.45	3.17	3.11
呼包鄂榆城市群	67	0.39	2.87	1.60
成渝城市群	61	0.36	3.11	1.71
天山北坡城市群	54	0.32	3.89	3.80
兰西城市群	31	0.18	4.42	6.27
北部湾城市群	31	0.18	3.29	2.67
滇中城市群	26	0.15	4.58	5.24
宁夏沿黄城市群	15	0.09	3.13	2.03
黔中城市群	7	0.04	3.43	1.27

数据来源：2017年中国流动人口动态监测调查（CMDS），总样本量为16998人，存在18个缺失观察值。

流动人口流经城市的数量与初次流入的地区具有一定的关系，初次流入地为东部城市的流动人口平均流经1.61个城市后进入京津冀城市群，而初次流入地为中部城市和西部城市的流动人口需平均流经3个以上城市才会最终流入京津冀城市群（见表2.17）。这一结果表明，中西部地区的流动人口由于地缘因素会优先向户籍地邻近的城市流动，由于其到达京津冀城市群的地理距离较远，不容易构建社会网络，到达目的地之前需要经历更多的跳板城市。

表2.17　初次流入地区与流经城市数量

地区	进入京津冀城市群之前的初次流入地区		流经城市数量	
	规模/人	比例/%	均值/个	标准差
东部城市	15854	93.37	1.61	1.66
中部城市	821	4.84	3.26	2.80
西部城市	305	1.80	3.67	4.45

数据来源：2017年中国流动人口动态监测调查（CMDS），总样本量为16998人，存在18个缺失值。

第二，流动人口在进入其他城市群后，通过序次流动到达京津冀城市群。

流动人口在初次流入城市之后还会继续向其他城市流动，形成序次流动行为。对京津冀城市群流动人口的流动经历进行分析（见表2.18），可以发现，流动人口在初次进入京津冀城市群后，未发生再次流动的比例达到61.96%。这意味着京津冀城市群流动人口的稳定性强，发生城市群内部人口流动的可能性高。

拥有多次流动经历的流动人口，其中一部分属于京津冀城市群内部流动，其余流动人口再次流动时会流向东南沿海的长三角、海峡西岸城市群，也有部分流向长江中游以及山东半岛城市群，平均流经2~3个城市后才最终流入京津冀城市群，上述城市群与京津冀城市群存在密切的跨城市群流动关系。

表2.18 京津冀城市群流动人口的流动经历

流动经历	再次流入的城市群	比例/%	流经城市 数量/个	流经城市 标准差
单次流动经历的流动人口		61.96	1	—
拥有多次流动经历的流动人口	京津冀城市群	20.00	2.84	2.30
	长三角城市群	3.78	3.21	2.32
	珠三角城市群	0.60	3.50	2.55
	山东半岛城市群	1.20	2.80	1.34
	辽中南城市群	0.65	2.96	1.55
	哈长城市群	0.55	3.07	2.47
	中原城市群	1.14	3.14	2.12
	关中城市群	0.72	3.05	1.53
	晋中城市群	0.82	2.88	1.60
	呼包鄂榆城市群	0.92	2.85	2.50
	长江中游城市群	1.32	3.50	2.35
	成渝城市群	0.89	3.45	2.57
	天山北坡城市群	0.48	3.95	3.86
	海峡西岸城市群	2.20	3.69	2.20
	宁夏沿黄城市群	0.41	2.97	1.58
	兰西城市群	1.04	3.60	2.59
	北部湾城市群	0.57	3.04	1.71
	滇中城市群	0.45	3.96	3.39
	黔中城市群	0.30	3.83	2.86
	合计	38.04	3.05	2.31

数据来源：2017年中国流动人口动态监测调查（CMDS）。

2017年中国流动人口动态调查数据显示，京津冀城市群流动人口流经城市数量与单人流动经历存在显著的相关关系，初次流动为单人流动的流动人口平均流经城市的数量更多，达到1.81个城市，而选择非单人流动的流动人口平均流经1.66个城市最终进入京津冀城市群（见表2.19）。这表明，与其他亲友共同流动的流动人口更容易构建以地缘、亲缘为基础形成的社会网络，使流动人口更快地嵌入城市，提高其在城市的适应能力，便于其长期稳定居住。

表2.19 流经城市数量与单人流动经历的关系

流动类型	规模/人	流经城市	
		数量/个	标准差
单人流动	8083	1.81	1.72
非单人流动	8915	1.66	1.98

注：$chi^2=513.15$，$p<0.01$。数据来源：2017年中国流动人口动态监测调查（CMDS）。

（3）超大城市的流动人口具有流动时间长的特征

自被访者初次向外流动至调查时间，可以计算流动人口的总流动时间。计算结果显示，京津冀城市群流动人口的平均流动时间约为7年，且随着所流入城市人口规模的提升，流动人口的平均流动时间逐渐延长。流入超大城市的流动人口的流动时间最长，城市人口规模较少的Ⅰ型和Ⅱ型大城市中流动人口的流动时间相对较短（见表2.20）。这意味着，长期流动是京津冀城市群流动人口的常态，超大城市流动人口居住的稳定性高于中小城市。

表2.20 不同城市类型中流动人口的平均流动时间

城市类型	2017年		2018年	
	流动时间/年	标准差	流动时间/年	标准差
超大城市	7.74	6.45	7.11	6.61
特大城市	7.04	6.45	7.03	6.42
Ⅰ型大城市	5.03	5.30	6.05	6.11
Ⅱ型大城市	5.95	6.09	5.75	6.15
合计	7.09	6.39	6.86	6.46

数据来源：2017年和2018年中国流动人口动态监测调查（CMDS）。2017年和2018年的样本量分别为16698和17000。

具体到不同城市来看，北京、天津流动人口的平均流动时间为7~8年，与京津冀城市群的其他城市相比处于中间水平。河北各城市的流动人口平均流动时间则呈现两极分布的特征，秦皇岛和张家口的流动人口平均流动时间最长，为9~13年，而其他城市流动人口的平均流动时间为4~6年，2018年时廊坊的流动人口平均流动时间最短，仅为3.99年（见表2.21）。这可能是由于居住在廊坊的流动人口大多在北京就业，其长期流动方向为北京，因此仅在廊坊短时间停留。

表2.21 京津冀城市群各城市流动人口的平均流动时间

城市	2017年		2018年	
	流动时间/年	标准差	流动时间/年	标准差
北京	7.74	6.44	7.11	6.61
天津	7.83	6.77	7.64	6.72
保定	4.30	5.25	5.57	5.87
唐山	5.82	5.25	6.01	5.89
廊坊	4.44	4.68	3.99	5.21
张家口	9.00	7.73	9.36	6.39
承德	4.71	5.12	6.03	6.20
沧州	6.06	5.45	4.98	5.83
石家庄	5.04	5.04	5.53	5.32
秦皇岛	12.96	7.36	11.96	6.89
衡水	4.11	3.44	6.28	6.20
邢台	4.98	5.25	4.53	4.27
邯郸	5.72	5.08	7.99	7.08

数据来源：2017年和2018年中国流动人口动态监测调查（CMDS）。2017年和2018年的样本量分别为16698和17000。

（4）随着流动时间延长，远距离流动的可能性不断提升

按照流入城市与流出地的经纬度可以计算流动人口的流动距离。表2.22显示，京津冀城市群流动人口的平均流动距离达到606千米。北京、天津流动人口的平均流动距离分别达到661千米和640千米，远高于河北除廊坊以

外的大多数城市，这表明远距离流动的人口倾向于流入北京、天津。除了廊坊、秦皇岛等少数城市的流动人口呈现远距离流动特征，河北大多数城市表现出明显的近距离流动特征，其中比较典型的是邢台和张家口，两个城市流动人口的平均流动距离在 400 千米以下。

对于流动时间超过一年的流动人口来说，随着流动时间延长，其流动距离也呈现逐渐增加的趋势（见表 2.23）。这意味着，在个体流动的早期更倾向于就近流动，而随着流动时间延长，远距离流动的概率不断提高，表现为人口在流动过程中由近及远的序次流动过程。

表 2.22 京津冀城市群各城市流动人口的平均流动距离

城市	流动距离 / 千米	标准差
北京	661.42	489.67
天津	640.20	433.38
保定	502.77	387.21
唐山	551.29	415.3
廊坊	707.81	531.41
张家口	314.93	220.21
承德	473.86	346.45
沧州	458.64	370.45
石家庄	445.67	412.44
秦皇岛	632.44	360.91
衡水	483.47	412.79
邢台	381.68	323.93
邯郸	454.83	421.78
京津冀城市群	606.29	461.03

数据来源：2017 年中国流动人口动态监测调查（CMDS）。

表 2.23 京津冀城市群流动人口的流动时间与流动距离的关系

流动时间	平均流动距离 / 千米	标准差
1 年以内	667.33	539.23
1 年及以上 3 年以下	573.61	449.91
3 年及以上 5 年以下	582.10	428.52

续表

流动时间	平均流动距离/千米	标准差
5年及以上10年以下	592.39	447.39
10年及以上15年以下	627.68	476.42
15年及以上	654.24	470.95

数据来源：2017年中国流动人口动态监测调查（CMDS）。

3. 京津冀城市群流动人口家庭化流动的特征

近年来的研究显示，人口流动呈现明显的家庭化流动态势，全国近7成的流动人口以家庭形式进行流动，且形成了举家流动、分批流动等不同的流动形态（扈新强等，2021；盛亦男，2013）。本节将对京津冀城市群流动人口家庭化流动的新特征、新趋势进行系统分析和梳理。

（1）京津冀城市群中流动人口家庭化流动态势明显

表2.24的数据显示，流动家庭中2人及以上成员的家庭户达到66.39%，单人流动的比例仅为33.61%，这意味着绝大多数流动人口已经与家庭成员共同流动到城市。京津冀城市群流动家庭呈现小型化特征，不少流动家庭属于小家庭户，其中两人户及三人户在全部家庭户中所占比例超过半数，这是由于个体在流动初期多选择夫妻双方共同流动，在获取就业机会、实现稳定居住等条件后，子女、父母等家庭成员再通过随迁进入城市。

表2.24 京津冀城市群流动家庭的户内人数状况

户内人数	规模/户	比例/%
1人户	5713	33.61
2人户	4653	27.37
3人户	3877	22.81
4人户	2202	12.95
5人户	418	2.46
6人及以上户	137	0.80
合计	17000	100

（2）不同流动批次的家庭成员其流动间隔平均为 1 年左右

京津冀城市群流动人口的家庭化流动过程显示，先行者与第二批次家庭成员的流动时间相差约 0.04 年。但是，由于大家庭户的居住成本提升，使得后序流动批次的家庭成员随迁进入城市的难度提高，第三批次及之后的家庭成员流动的时间间隔有所延长，其中第三批次与第二批次相差 1.10 年，第四批次与第三批次相差 1.64 年，第五批及以上的流动人口与第四批相差 0.77 年（见图 2.7）。

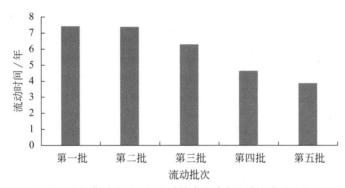

图 2.7　京津冀城市群不同流动批次流动人口的流动时间差异

（3）超六成流动人口为举家流动，小型家庭多为一次性流动

借鉴已有文献对于流动家庭的界定（盛亦男，2013），尚未完成举家流动是指流动家庭仍有成员不在本户，未能在流入地实现家庭团聚的家庭；举家流动家庭是指所有的家庭成员全部流动到所在城市的家庭。具体而言，举家流动又可以按照家庭成员的流动批次分为一次性举家流动和分批完成流动。表 2.25 显示，京津冀城市群举家流动的家庭已成为流动家庭中的主体，所占比例为 59.2%，而尚未完成流动的家庭所占比例为 40.8%。总体来看，更多的家庭能够实现一次性举家流动，只有少数家庭仍为一人先行和多人同行。

表 2.25　京津冀城市群家庭流动的类型分布

流动类型	流动方式	规模/户	小计
举家流动	一次性举家流动	5863	10065
	分批完成流动	4202	

续表

流动类型	流动方式	规模/户	小计
尚未完成流动	一人先行	3457	6935
	多人同行	3478	
合计		17000	17000

由表 2.26 可见，1 人户、2 人户多选择一次性举家流动，这是因为小家庭户面临的流迁风险相对较低，更容易实现一次性举家流动。3 人及以上家庭户更青睐于分批完成流动，当家庭规模较大时，家庭成员关系更为复杂，进行流动决策所需要考虑的因素更多，面临的流迁风险也越大。因此，京津冀城市群的流动家庭呈现出小家庭多选择一次性举家流动，大家庭多选择分批次流动的特征。

表 2.27 展现了京津冀城市群尚未完成举家流动家庭的流动方式。2 人户会选择一人先行，3 人户多选择一人先行或二人同行，4 人户及以上家庭户多选择多人同行。这意味着，在人口的流迁过程中，流动人口会关注与家庭成员相互支持的情感需求。

表 2.26 京津冀城市群举家流动家庭的流动状况

流动家庭户人数	一次性举家流动		分批完成流动	
	规模/户	比例/%	规模/户	比例/%
1 人户	2256	38.48	—	—
2 人户	1624	27.70	529	12.59
3 人户	1224	20.88	1830	43.55
4 人户	653	11.14	1430	34.03
5 人户	86	1.47	299	7.12
6 人及以上户	20	0.34	114	2.71
合计	5863	100	4202	100

表 2.27 京津冀城市群流动人口中尚未完成举家流动的家庭户状况

家庭户内人数	流动方式	规模/户	小计/户
2 人户	一人先行	689	689
	两人同行	0	
	多人同行	0	

续表

家庭户内人数	流动方式	规模/户	小计/户
3人户	一人先行	1690	2994
	两人同行	926	
	多人同行	378	
4人户	一人先行	874	2491
	两人同行	670	
	多人同行	947	
5人户	一人先行	153	581
	两人同行	128	
	多人同行	300	
6人及以上户	一人先行	51	180
	两人同行	27	
	多人同行	102	
合计	—	6935	6935

（4）先行者多是年轻、身体健康、经济活动能力强、受教育程度高的男性

本研究将首先离开户籍地并流入城市的流动人口界定为先行者。依据新迁移经济学理论，家庭会依据收益最大化原则选择某位家庭成员作为先行者。京津冀城市群流动家庭的先行者多为年轻、受教育程度较高的家庭成员；先行者的性别比为115，以男性先行者占绝对优势，这是由于女性多需要承担家庭照料的职责，作为先行者流动的比例较低；先行者多是25~50岁年龄组的劳动年龄人口（见图2.8）。可见，家庭在作出流动决策时，大多选择年轻、健康、具有较强经济活动能力的男性作为先行者，之后再携眷流动。

从不同批次流动人口的受教育程度来看，先行者的受教育程度较高，小学及以下受教育程度的先行者仅占18%，而初中或高中受教育程度的先行者比例达到60.5%，大学以上受教育程度的比例为21.5%。第二批次流动人口的平均受教育程度略低于先行者，但是拥有大学以上受教育程度的比例甚至高于先行者。随着流动批次增加，家庭成员的受教育程度呈下降趋势，在第五批及以上的流动人口中，拥有小学及以下受教育程度的比例近50%。高批次的流动人口以少年儿童和老年人口为主，多依附于先行者随迁，因此随迁

家庭成员的受教育程度一般低于先行者（见图 2.9）。

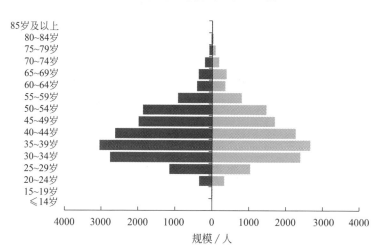

图 2.8　京津冀城市群流动人口中先行者的年龄性别金字塔

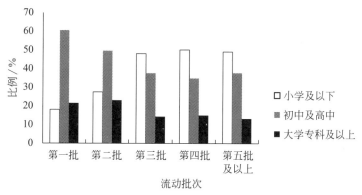

图 2.9　分流动批次的流动人口受教育程度情况

（5）夫妻先行团聚，子女或其他成员在之后批次随迁

京津冀城市群流动家庭的平均人数为1.46人。表2.28显示，流动人口多选择个人先行或与配偶同行，之后子女随迁，其他家庭成员在更高批次随迁。依据家庭现代化理论，现代家庭中夫妻关系居于家庭关系的首位，因而更多家庭的随迁过程为流动人口独立或与配偶同行，子女随后流动，老年人最后随迁。随迁老人无法进入正规劳动力市场，会增加流动家庭在城市

之中生活的经济负担，此外，年龄较大的流动人口会存在故土眷恋（李珊，2011），更难以适应城市生活，上述原因使得老年人在随迁过程中位序靠后。

表 2.28　京津冀城市群不同批次流动的家庭成员身份

家庭成员	第一批人 / %	第二批人 / %	第三批人 / %	第四批人 / %	第五批人及以上 / %
本人	50.71	24.46	7.77	4.89	3.03
配偶	30.33	23.38	5.48	3.97	2.27
子女	14.39	44.67	76.84	73.41	53.79
父母 / 公婆 / 岳父母	3.41	5.03	6.08	9.79	11.37
（外）祖父母	0.02	0.07	0.12	0.00	0.00
孙辈	0.25	1.05	2.11	4.89	25.77
兄弟姐妹	0.43	0.87	1.25	2.11	2.28
其他成员	0.43	0.44	0.38	0.92	1.52
总计	100	100	100	100	100

（6）随迁儿童中 5~9 岁年龄组所占比例最高

本研究将随迁儿童界定为 15 岁及以下跟随父母流动到城市、户籍登记在外省（自治区、直辖市）或本省份外县（区）的儿童，包括在城市出生的儿童，但不包括在城市出生并获得城市户籍的儿童。由于 2018 年 CMDS 包含了流出地和流入地家庭的情况，笔者可以将留守儿童和随迁儿童的情况进行对比。京津冀城市群的调查结果显示，被访者的子女中超半数跟随父母流动，其中随迁子女的规模达到 6833 人，留守儿童规模达到 3189 人。

将儿童划分为 0~4 岁、5~9 岁以及 10~14 岁年龄组（见表 2.29）。从年龄结构上来看，5~9 岁随迁儿童的比例最高，其次为 0~4 岁和 10~14 岁的随迁儿童；5~9 岁留守儿童的比例最高，其次是 10~14 岁和 0~4 岁的留守儿童。流动儿童在城市就学仍处于弱势地位，例如北京对流动儿童教育实施了"五证"的条件限制，当流动儿童进入升学阶段时，往往会选择返乡回流就读，因此 10~14 岁年龄组在留守儿童中所占的比例高于其在随迁儿童中所占的比例。而 0~4 岁的儿童还未进入义务教育阶段，不会面临就学困难的问题，因此随迁比例较高。

表 2.29 京津冀城市群随迁与留守儿童的年龄与性别分布

年龄组	随迁男孩		随迁女孩		留守男孩		留守女孩	
	规模/人	比例/%	规模/人	比例/%	规模/人	比例/%	规模/人	比例/%
0~4 岁	1170	31.78	1131	35.78	441	24.68	347	24.75
5~9 岁	1422	38.62	1172	37.08	672	37.60	541	38.59
10~14 岁	1090	29.60	858	27.14	674	37.72	514	36.66

4. 京津冀城市群流动人口的居留意愿

本研究将居留意愿界定为流动人口在所在城市有 5 年以上的稳定居留意愿，流动人口在流入地居住 5 年以上可以划分为中长期居住人口，将其视为稳定居住的表现，对应 2018 年 CMDS 中的问题为"今后一段时间，您是否打算继续留在本地？"对回答为"是"的流动人口追问其居住时间，回答"继续留在本地且居住时间 5 年以上"视为有居留意愿，"不打算留在本地或者居住时间少于 5 年的流动人口"视为无居留意愿（即离城意愿），"不确定是否留在本地，以及不确定居住多长时间的流动人口"视为不确定性居留意愿。此外，2018 年 CMDS 还包含了追访问卷，但是在京津冀城市群中仅将北京的流动人口纳入了追访范围，在剔除失访人群后，共获得 1274 个被访者。

下面将对京津冀城市群流动人口的居留意愿进行分析，总结居留意愿在不同代际、受教育程度、户籍性质、行业乃至城市类型间的差异，利用追踪数据分析流动人口居留意愿的变动情况。

（1）不同代际流动人口的居留意愿呈现非线性变化特征

第一，随年龄增加，流动人口的居留意愿先升后降。

表 2.30 显示，京津冀城市群流动人口居留意愿占比最高的为 1950 世代，为 59.17%，其次为 1980 世代，居留意愿所占比例为 53.39%，1990 世代居留意愿最低，仅为 35.95%。在调查年份（2018 年），1990 世代的流动人口刚刚进入劳动年龄范围，其社会资本积累程度、人力资本水平与其他年龄组相

比均不占优势，属于低年龄、流动性强、定居意识较弱的群体。1980世代流动人口已获得一定的社会资本与人力资本，其居留意愿强于1990世代。而1950世代的流动人口已经逐步退出劳动年龄，其中依然居住在城市的多已拥有稳定的经济收入和居住场所，逐渐在城市建立起社会网络，提高了长期居留的可能。由于劳动力市场对于流动人口具有年龄选择性，那些无法定居在城市的高年龄组流动人口可能因失去就业机会而返回流出地。

流动人口的不确定性意愿随年龄降低而有所增强。1950世代流动人口不确定性意愿最低，体现出稳定性较强的特征；1980世代流动人口的不确定性意愿次低；1960世代的不确定性最强；1990世代流动人口的不确定性意愿为次高。说明1990世代的流动人口有较为积极的流动意向，更希望在多个城市流动寻求更好的就业机会和优质的公共服务，表现出最明显的不确定性特征。

表2.30 京津冀城市群不同代际流动人口的居留意愿

代际	居留意愿		离城意愿		不确定	
	规模/人	比例/%	规模/人	比例/%	规模/人	比例/%
1950世代	442	59.17	78	10.44	227	30.39
1960世代	759	40.57	322	17.21	790	42.22
1970世代	1901	47.92	517	13.03	1549	39.05
1980世代	3452	53.39	855	13.22	2159	33.39
1990世代	1289	35.95	804	22.42	1493	41.63

注：1950—1990世代的流动人口共包括16638个被访者，占样本规模的97.87%。

第二，年老世代倾向于在超大城市长期居留，年轻世代倾向于在特大城市长期居留。

京津冀城市群中流动人口在不同类型城市的居留意愿体现出代际差异，1950世代在不同城市居留的意愿均比较高，1960世代、1970世代的流动人口略倾向于在超大城市居留，而1980世代和1990世代的流动人口在特大城市长期居留意愿的比例更高（见表2.31）。

表 2.31 京津冀城市群不同代际流动人口对不同类型城市的居留意愿

城市类型	代际	居留意愿		离城意愿		不确定	
		规模/人	比例/%	规模/人	比例/%	规模/人	比例/%
超大城市	1950世代	231	60.95	35	9.23	113	29.82
	1960世代	306	41.98	126	17.28	297	40.74
	1970世代	772	52.06	236	15.91	475	32.03
	1980世代	1492	54.02	452	16.36	818	29.62
	1990世代	450	30.20	444	29.80	596	40.00
特大城市	1950世代	132	56.65	28	12.02	73	31.33
	1960世代	296	40.94	130	17.98	297	41.08
	1970世代	834	47.88	189	10.85	719	41.27
	1980世代	1526	55.73	268	9.79	944	34.48
	1990世代	646	44.37	242	16.62	568	41.27
Ⅰ型大城市	1950世代	25	59.52	4	9.52	13	30.95
	1960世代	55	37.41	19	12.93	73	49.66
	1970世代	120	41.38	24	8.28	146	50.34
	1980世代	145	39.62	52	14.21	169	46.17
	1990世代	78	32.10	47	19.34	118	48.56
Ⅱ型大城市	1950世代	54	58.06	11	11.83	28	30.11
	1960世代	102	37.50	47	15.69	123	45.22
	1970世代	175	38.72	68	15.04	209	46.24
	1980世代	289	48.17	83	13.83	228	38.00
	1990世代	115	28.97	71	17.88	211	53.15

近年来，京津冀城市群中多个城市针对外来人口落户出台了一系列优惠政策，如石家庄在 2018 年出台的《关于实施现代产业人才集聚工程的若干措施》中提出，为符合现代产业发展需求的人才或高校毕业生提供快速落户的便利条件，2019 年出台的《关于全面放开我市城镇落户限制的实施意见》则放松了对"稳定住所、稳定就业"迁入条件的限制，实现零门槛落户。特大城市全面放松落户限制的政策导向增强了对年轻世代流动人口的吸引力。

（2）高学历、非农户籍流动人口的居留意愿更强

由表 2.32 可知，居留意愿随受教育程度提高而增加，而离城意愿和不确

定性意愿则随受教育程度提升而降低。在城市的二元劳动力市场中，有更高受教育水平的流动人口更可能进入主要劳动力市场，易获得正规就业岗位，更容易长期居留。此外，各地政府促进人才集聚的政策导向使高学历流动人口在落户积分①、租房补助、创业机会②等方面相比低学历人口更具优势，进一步增强了高学历流动人口的定居能力。

表 2.32 京津冀城市群不同教育程度流动人口的居留意愿

受教育程度	居留意愿 / %	离城意愿 / %	不确定 / %
小学及以下	35.35	15.87	48.77
初中	38.42	17.17	44.40
高中/中专	48.52	15.71	35.77
大学专科	60.70	13.82	25.47
大学本科	69.03	11.59	19.38
研究生及以上	75.39	11.33	13.28

将户口性质划分为农业户籍与非农业户籍两类，其中非农业户籍包括农转居、非农转居以及居民户籍。由表 2.33 可知，京津冀城市群的非农业户籍流动人口的居留意愿高于农业户籍流动人口。流动人口的农村户籍所附加的宅基、土地分红等福利，降低了其获得城市户籍的吸引力，因此不少流动人口在城市积累了一定财富后会返回流出地。

表 2.33 京津冀城市群不同户籍性质流动人口的居留意愿

户籍性质	居留意愿 / %	离城意愿 / %	不确定 / %
农业	41.76	16.98	41.26
非农业	63.23	11.23	25.54

---

① 如北京 2016 年出台的积分落户制度规定，申请人取得国民教育系列及教育部认可的学历（学位）的具体积分标准为：大学专科（含高职）10.5 分，大学本科学历并取得学士学位 15 分，研究生学历并取得硕士学位 26 分，研究生学历并取得博士学位 37 分。

② 如天津 2018 年出台的《天津市引进人才落户实施办法》中提出，45 周岁以下的硕士毕业生可直接落户天津，并给予租房补助；2018 年《石家庄市急需人才战略引进指导目录》提出引进培养现代产业急需的创新人才、科技创业人才和高技能人才 1000 名，并提供启动资金和创业经费。

（3）在劳动密集型行业就业的流动人口拥有较低的居留意愿

如表 2.34 所示，不同行业京津冀城市群流动人口居留意愿最低的三类是住宿餐饮业、制造业、建筑业，分别为 34.02%、37.52%、38.32%，而拥有较高居留意愿的流动人口集中在金融业，电力、热力、燃气及水生产和供应业，以及科研和技术服务业。相较于职业声望较高、平均工资水平较高的资本和技术密集型行业，住宿餐饮业等劳动密集型行业多属于劳动力市场中的次级市场，其就业人口多为初等或中等学历，工资水平较低、社会融入程度较弱，因此这类行业中流动人口的居留意愿低。

表 2.34 京津冀城市群不同行业流动人口的居留意愿

行业	居留意愿 / %	离城意愿 / %	不确定 / %
农林牧渔业	43.75	18.75	37.50
制造业	37.52	19.64	42.84
电力、热力、燃气及水生产和供应业	70.00	14.29	15.71
建筑业	38.32	28.79	32.89
批发零售业	45.89	12.64	41.46
交通运输、仓储和邮政业	53.39	11.26	35.35
住宿餐饮业	34.02	18.72	47.26
信息传输、软件和信息技术服务业	59.89	16.30	23.80
金融业	72.00	10.46	17.54
房地产业	49.35	18.32	32.33
租赁和商务服务业	62.18	11.76	26.05
科研和技术服务业	64.04	15.17	20.79
水利、环境和公共设施管理业	55.00	12.50	32.50
居民服务、修理和其他服务业	44.15	13.17	42.68
教育	60.06	17	22.95
文化、体育和娱乐业	52.12	16.6	31.27
公共管理、社会保障和社会组织	60.00	11.11	28.89
国际组织	50.00	25.00	25.00
卫生	62.31	12.46	25.23
社会工作	47.96	10.20	41.84

近年来，在京津冀协同发展的背景下，北京通过非首都功能疏解政策，将不符合城市功能的产业向周边城市或地区疏解，而疏解清单中批发零售业、住宿餐饮业等劳动密集型行业是主要的疏解行业。部分流动人口随产业转移而流向周边城市，或者选择返回家乡，在未来就业机会不明朗的情况下，流动人口可能会形成较强的离城或不确定性意愿。

（4）不同城市类型中流动人口的居留意愿存在明显差异

第一，京、津流动人口的居留意愿在城市群居于中游。

对京津冀城市群各城市的流动人口居留意愿的比例由高及低进行排序（见表2.35），秦皇岛、邢台拥有居留意愿的流动人口比例远高于其他城市，分别为80.67%、71.25%。2015年《中共河北省委关于制定河北省"十三五"规划的建议》中提出，将秦皇岛规划为生态宜居的特色旅游城市。依据推拉理论，就业机会、收入水平、宜居环境、丰富的资源、交通便捷等因素可以增强流入地对流动人口的拉力，秦皇岛毗邻海岸、环境适宜，增强了当地流动人口的居留意愿。邢台矿产资源、地下水资源丰富，是京津冀城市群南部交通的重要节点城市，流动人口的居留意愿同样位居前列。

北京、天津流动人口的居留意愿在城市群中居于中游。受到非首都功能疏解等政策的影响，北京流动人口长期居留的可能性降低，落后于秦皇岛等城市。天津的流动人口生活成本低于北京，落户要求更加宽松，这些原因使天津流动人口的居留意愿高于北京。廊坊流动人口的居留意愿位居末位，不足二成，而不确定意愿的比例则接近六成。追踪数据显示，流动人口在2017年居住在廊坊，之后在2018年流入北京的比例高达81.25%。廊坊凭借其作为北京近邻的优势吸引人口流入，但流动人口的居住稳定性最低，不少流动人口将廊坊视为进入北京的"过渡城市"。

表2.35 京津冀城市群不同城市的流动人口的居留意愿

居住城市	居留意愿 / %	离城意愿 / %	不确定 / %
秦皇岛	80.67	3.36	15.97
邢台	71.25	3.75	25.00
沧州	54.00	15.00	31.00

续表

居住城市	居留意愿 / %	离城意愿 / %	不确定 / %
张家口	52.50	8.33	39.17
天津	51.44	12.16	36.40
衡水	49.50	14.50	36.00
北京	47.73	18.91	33.36
石家庄	45.00	13.35	41.65
承德	42.50	11.25	46.25
保定	41.00	15.83	43.17
唐山	37.78	11.94	50.28
邯郸	31.25	9.38	59.38
廊坊	18.63	23.13	58.25

第二，超大城市流动人口的离城意愿明显，特大城市流动人口的居留意愿最高，Ⅰ型、Ⅱ型大城市流动人口的不确定性居留意愿最高。

数据分析结果表明，特大城市流动人口居留意愿最高，比例为49.6%，超大城市次之，比例为47.73%，Ⅰ型大城市流动人口居留意愿最低，比例为38.57%（见图2.10）。超大城市的居住成本高且与其他城市相比落户限制更多，不少流动人口在超大城市获得就业机会和经济收入，但可能最终返回户籍地，或者选择向生活成本低、落户限制较少的城市流动并长期定居。

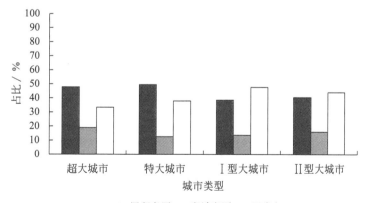

图 2.10 京津冀城市群不同城市类型中流动人口的居留意愿

值得注意的是，京津冀城市群的Ⅰ型大城市中流动人口的居留意愿低于Ⅱ型大城市。2015年《中共河北省委关于制定河北省"十三五"规划的建议》已将张家口、承德、秦皇岛、衡水规划为生态宜居的特色旅游城市，Ⅱ型大城市多规划为生态涵养地，环境质量和生态状况良好，而Ⅰ型大城市多为以工业发展为主的城市，环境质量相对较差。可见，流动人口在选择是否居留时，不仅会考虑自身获得的收入和流入地城市的发展状况，还会考虑环境质量以及城市宜居性等因素。

超大城市流动人口的离城意愿比例在各城市类型中最高，为18.91%，Ⅱ型大城市次之，达到16%，特大城市占比最低，仅为12.5%。可见，受超大城市人口调控、非首都功能疏解等政策的影响，超大城市的流动人口呈现出最为强烈的离城倾向。

Ⅰ型和Ⅱ型大城市中的流动人口表现出明显的不确定性居留意愿，也就是说，流动人口将这类城市视为"跳板"型城市。2018年CMDS追踪数据显示，初次流入Ⅰ型大城市、Ⅱ型大城市的京津冀流动人口中，其现住地67.61%是北京，8.45%是上海，这意味着，许多进入Ⅰ型和Ⅱ型大城市的流动人口，将所在城市视为向更高等级城市继续流动的短暂居住地。

（5）居留意愿的时期变动特征

由于2018年CMDS数据中京津冀城市群的追访样本只包含北京流动人口的调查数据，为了对比北京流动人口居留意愿的变动水平，本研究还描述分析了其余省份流动人口居留意愿变动的平均情况。表2.36显示，2017—2018年北京追访的流动人口居留意愿较为稳定，超过八成流动人口仍有城市居留意愿，当然，这一结果也值得进一步探讨，如果是因为部分拥有不确定意愿或离城意愿的流动人口离开调查地区，可能会使追访样本的居留意愿偏高。与其他省份相比，北京流动人口的居留意愿变动幅度不大，大多数拥有比较明确的居留意愿。流动人口进入北京，一般将北京作为长期居住的目的地，而非中间流动的跳板城市，因此表现出稳定的居留意愿。4.4%的流动人口由居留意愿转变为不确定意愿，可能是由于非首都功能疏解过程中部分行业向外疏解降低了劳动力需求，使流动人口的不确定意愿增强。此外，6.91%的流动人口由不确定意愿转变为居留意愿，可能是由于流动人口在北京居住时间延长，对未来的居留地点更加明确，从而降低了不确定意愿。

表2.36 北京与其他省份流动人口居留意愿的追访情况

有无变化	意愿转化分类	北京		其他省份	
		规模/人	比例/%	规模/人	比例/%
无变化	居留意愿—居留意愿	1102	86.50	4263	79.64
	离城意愿—离城意愿	2	0.16	12	0.22
	不确定—不确定	8	0.63	133	2.48
有变化	居留意愿—离城意愿	8	0.63	86	1.61
	居留意愿—不确定	56	4.40	401	7.49
	离城意愿—居留意愿	8	0.63	56	1.05
	离城意愿—不确定	0	0.00	24	0.45
	不确定—居留意愿	88	6.91	363	6.78
	不确定—离城意愿	2	0.16	15	0.28
合计		1274	100	5353	100

四、小结

京津冀城市群流动人口集聚的基本态势为：流动人口规模持续增长，集聚速度放缓，中长期流动的比例不断提升。各城市的流动人口规模与增长速度呈现差异，北京、天津仍保持双核集聚态势，属于"规模大、增速缓"型城市，石家庄、衡水分别属于"规模大、增速快"和"规模小、增速快"型城市，邯郸、张家口、沧州以及廊坊则是"负增长"型城市。流动人口集聚原因以经济原因为主，但是以河北各城市为代表，京津冀城市群表现出很明显的教育原因驱动的省内人口流动特征。从发展趋势来看，流动人口的受教育程度明显提升，但河北各城市对高学历流动人口的集聚能力普遍落后于北京、天津。

25~39岁年龄组、初中及以上学历、"乡—城"流动人口是京津冀城市群流动人口的主体，北京作为超大城市则集聚了更多低年龄、高学历、"城—城"流动人口。部分城市流动人口的住房支出负担较重，北京、秦皇岛、石家庄、廊坊等城市的住房支出—支出比更高，秦皇岛、石家庄、北京、衡水、天津的住房支出—收入比更高。流动人口多集中居住在城市的社区中，其集聚模式与所就业的行业类型存在相关性。

京津冀城市群流动人口形成以下流动模式：从流出地来看，流动人口的来源以河北和地缘邻近的省份为主。城市群内部各城市表现出差异，北京、天津存在城市群外部人口流动的特征，河北各城市呈现出城市群内部人口流动特征。在初次流动经历方面，超过八成流动人口在初次流动时即选择流入京津冀城市群，其余流动人口首先流入经济发展水平较高的长三角、珠三角城市群，或选择具有地缘优势的邻近城市。初次流入京津冀城市群的流动人口表现出很强的居留稳定性。初次流入京津冀城市群的流动人口，多数不会再次流动；初次流入其他城市群的流动人口，再次流动时会流向东南沿海的长三角、海峡西岸城市群，也有部分流向长江中游以及山东半岛城市群，平均流经约3个城市后最终流入京津冀城市群。

京津冀城市群中流动人口的家庭化流动态势明显，小家庭户、乡—城流动家庭组成了流动家庭的主体。不同流动批次家庭成员的平均流动间隔为1年左右，后序批次的家庭成员随迁难度更高。先行者大多是年轻、身体健康、经济活动能力强、受教育程度高的男性，而随迁成员一般首先是其配偶，之后是儿童以及其他家庭成员。受城市教育门槛的影响，随迁儿童中5~9岁年龄组的比例最高，而当流动儿童进入升学阶段会倾向于选择返乡回流。

居留意愿方面，居留意愿与世代呈现非线性关系，随年龄增长，流动人口的居留意愿先升后降，且年老世代倾向于在超大城市长期居留，年轻世代在特大城市长期居留的意愿更强。在二元劳动力市场分割和城市人才引进政策的影响下，低学历、农业户籍以及劳动密集型行业就业的流动人口的居留意愿较低。受非首都功能疏解政策的影响，超大城市流动人口的居留意愿居于京津冀城市群的中游，而离城意愿则十分明显，特大城市流动人口的居留意愿最高，Ⅰ型、Ⅱ型大城市流动人口的不确定性居留意愿最高，流动人口倾向于将此类城市视为向更高层级城市流动的平台。追踪数据显示，北京流动人口中超八成保持在北京的长期居留意愿，少数流动人口的居留意愿向不确定意愿转变。

第三章
京津冀城市群流动人口集聚格局：三大城市群的比较研究

随着城市不断发展，由中心城市和若干不同规模、类型和等级的城市共同组成了空间组织紧凑、经济联系紧密的城市群，这类城市通过交通、网络、通信等基础设施建设加速了资金、物流和人才的紧密连接和流动（Fang et al., 2017；梁琦等，2013）。多城市集合的城市群结构体系将是未来承载中国经济、人口集聚的主要地域形态。以劳动力为主体的人口流动将持续向城市群流动，并通过流动人口的集聚趋势与空间分布影响不同城市群的经济增长和未来城镇化态势。京津冀、长三角和珠三角城市群作为国家级城市群，是中国最主要的人口和经济集聚地，截至2020年年末，三大城市群常住人口规模占全国人口总规模的45%以上，同时人均GDP约为全国人均水平的1.25倍[1]，是中国未来重要的人口集聚载体和经济增长引擎。那么，三大城市群流动人口集聚的空间格局具有怎样的特征，是否存在明显的差异？随着经济社会的发展，三大城市群流动人口集聚的空间格局是否发生了变化？三大城市群流动人口集聚空间格局的影响机制是否存在差异？对上述问题进行研究，可以在中国人口增长态势进入拐点的背景下，进一步探索城市群人口空间分布和人口迁移流动的客观规律，为不同城市群制定科学的发展规划、实现城市群流动人口空间格局优化提供科学依据和定量支持。

本章以京津冀、长三角、珠三角城市群作为研究区域，基于2000年、

---

[1] 根据各省或直辖市统计年鉴等资料中的地区生产总值计算。

2010 年和 2015 年共 3 个年份的流动人口规模与密度数据，利用重心模型、空间计量模型与社会网络分析法系统分析三大城市群 45 个地级及以上城市流动人口集聚的空间格局与差异，应用空间计量模型定量分析城市群流动人口集聚的机制。

一、文献综述

根据新经济地理学理论，大城市激烈的竞争环境会对劳动力进行筛选，与此同时劳动力也会根据流入不同市场环境所获得的预期收益选择流入地，在大城市和人口高密度区域集聚（Ottaviano，2011；Xing et al.，2017；张浩然，2018）。这意味着城市群的流动人口集聚不仅受到城乡收入差距的影响，还受到城市群结构体系中多个城市对流动人口集聚的共同作用。尽管城市间的竞争关系对流动人口集聚的影响已经受到学者们的关注，但对城市间关系与流动人口集聚问题的考察大多局限于特大城市之间或区域之间的比较，以城市群为研究对象的分析仍须深入。

已有城市群与人口流迁相关的文献研究主要有两类。第一类分析主要围绕人口流迁的空间格局与时空态势展开探讨，研究范围大致可分为以全国为整体的空间尺度和以城市、城市群、地区等为主的局部空间尺度两种（劳昕等，2015；姚永玲等，2020）。从全国空间尺度来看，城市群人口流动的空间格局呈现聚集与地区性分散并存的态势（Wang，2019；张国俊等，2018）。张国俊等（2018 年）发现城市群的发展不仅扩大了流动人口空间分布的地域性差异，同时加剧了城市群内的人口分布不均衡程度。具体来说，城市群以及城市群中心城市的人口集聚程度增加（张耀军等，2020），呈现明显的核心—边缘人口流动空间格局（Wang，2017；潘竟虎等，2019）。城市群体系，如城市行政级别、城市群中心城市与外围城市的分布使得流动人口分布格局呈现差异（Wang，2017；潘竟虎等，2019；张耀军等，2020）。中国部分城市群在发展过程中出现了高等级中心城市主导作用较强的现象，这也引致了区域内人口集聚的不平衡性加剧（Pan et al.，2019）。可见，流动人口集聚的空间演变与城市群分布、发展以及城市等级层次体系密切关联。一些研究则关注不同城市群的流动人口集聚格局，从总体来看，京津冀、珠三角和长三角城市群仍是流动人口集聚的主要方向（刘涛等，2015）。京津冀城市群在三大城市群中的集聚水平相对较弱（李建民，2014；孙阳等，2016），流动人口网络经历了"双核心"集聚向多中心网络化的转变（孙桂平等，2019），而且超大城市对流动人口呈现高集聚力，使城市群人口集聚极化现象与不平衡性加剧（王莹莹等，2017），内部差异明显。珠三角呈现"双核心"极化（李建民，2014），并逐渐由广州、深圳为"双核"的空间格局向以"广深莞"为轴心演进（陈刚等，2020）。而长三角城市群则呈现"单核和多核"复合、"核心—边缘"空间结构（王珏等，2014；薛峰等，2020），同时人口流动和迁移网络显示出明显的等级特征（Wang et al.，2020）。这种集聚过程的差异体现了历史基础、社会结构、产业模式和人口迁移选择的差异（王桂新等，2006）。

第二类分析聚焦于流动人口空间集聚的影响因素研究，已有文献对经济、社会、地理环境等因素进行了分析。首先，经济发展水平、工资水平、就业机会与房价等经济因素会对流动人口的空间集聚产生影响（Ortega et al.，2012；蒲英霞等，2016；周颖刚等，2019）。城市空间均衡理论引入空间"异质性"视角，认为城市间人口集聚的空间分布格局源自区域间收入、生活成本和城市宜居性的差异（Roback et al.，1982）。而较高的工资水平与城市公共服务能力是影响流动人口集聚的重要因素（李拓等，2015；张耀军等，2014）。其次，户籍制度、语言文化、社会网络、社会地位等社会因素会对人口流动产生影响（Adserà et al.，2015；Belot，2012；黄宗晔等，2020）。孙文凯等（2011）认为户籍制度改革对促进流动人口集聚的作用有限。由于落户门槛等限制，一些流动人口仍会回流欠发达地区（张吉鹏等，2020）。Adserà 和 Pytliková（2015）认为劳动力倾向于在语言相近的地域范围内流动，语言包容性高的地区会集聚更多的外来流入人口。最后，环境因素同样会影响人口流动行为。流出地的洪水等自然灾害冲击与气候变化会迫使人口流动（Gray et al.，2016；Mueller et al.，2014），其影响程度可能与家庭的应对策略相关（Gray et al., 2016）；此外，流入地的空气污染会对流动人口的空间集聚产生显著的负向影响（Chen et al., 2017；孙伟增等，2019）。这意味着，流动人口的空间集聚是由经济、社会、环境等因素多重作用的结果。

以上研究成果十分丰富，但仍存在拓展空间。已有文献中对于流动人口空间集聚的探讨主要基于全国层面或者以单一城市群或省（直辖市）等为主进行分析，对多个城市群进行比较性研究、总结城市群人口集聚格局规律的研究相对较少。因此，本节应用多期人口普查和人口抽样调查年份的数据来分析多个城市群流动人口集聚空间格局的差异与变化趋势，应用空间滞后模型分析不同城市群流动人口集聚的原因与机制，以探索城市流动人口空间分布与聚散的规律。具体来说：(1) 通过时期的视角，分析城市群流动人口的集聚效应和集聚趋势的最新变动，总结不同城市群流动人口集聚的规律与趋势；(2) 通过重心模型、空间自相关、社会网络等方法，系统展现三大城市群流动人口集聚格局的差异；(3) 通过空间计量的方式分析影响三大城市群流动人口集聚因素的差异，其研究结果可以为不同城市实行差异化政策，进一步提升城市群规划水平提供数据支持和理论参考。

二、研究数据

本章使用的数据资料包括 2000 年第五次、2010 年第六次人口普查资料以及 2015 年 1% 人口抽样调查的资料数据，涉及的社会经济统计数据来源于《中国城市统计年鉴》与地方统计资料，同时匹配地级及以上城市 $PM_{2.5}$ 污染数据和 CEIC 中国经济数据库的房价数据。考虑到人口普查的标准时点是当年 11 月 1 日零时，且流动人口的集聚过程相对于社会经济发展存在滞后性，故选择 1998—1999 年、2008—2009 年与 2013—2014 年共 6 年的宏观社会经济变量纳入空间计量模型进行实证分析。依据过往文献（黄洁等，2014；任宇飞等，2017）、报告资料与《中华人民共和国国民经济和社会发展第十三个五年规划纲要》《长江三角洲城市群发展规划》以及《珠江三角洲地区改革发展规划纲要（2008—2020）》，选取京津冀、长三角与珠三角城市群的地级及以上城市作为研究对象,共 45 个城市[①]。

三、研究方法

1. 人口重心模型

人口重心是衡量人口空间分布的重要指标,其变动轨迹可反映一定时期内人口分布的时空演变特征,可以应用重心模型获得。重心模型通过地理空间上若干个城市的地理坐标(X_i, Y_i)计算得到区域内部重心分布的坐标($\bar{X}$,$\bar{Y}$),表达某一区域人口分布的总趋势和中心区位。计算公式如式(3.1)、式(3.2)所示(张国俊等,2018)。

$$\bar{X} = \frac{\sum_{i=1}^{n} P_i X_i}{\sum_{i=1}^{n} P_i} \tag{3.1}$$

$$\bar{Y} = \frac{\sum_{i=1}^{n} P_i Y_i}{\sum_{i=1}^{n} P_i} \tag{3.2}$$

其中,$\bar{X}$ 为流动人口集聚重心的经度,$\bar{Y}$ 为流动人口集聚重心的纬度,X_i 是城市 i 行政首府的经度,Y_i 是城市 i 行政首府的纬度[②],P_i 指人口数量。

2. 空间自相关分析

一般通过 Moran's I 检验来分析区域总体的空间关联程度以判断城市间的空间相关性。其中,全局莫兰指数(Global Moran's I)反映空间邻接或邻近的区域单元属性值的相似程度,常用于测算整个空间的相关性(张松林等,

---

[①] 因为粤港澳大湾区在 2019 年完成规划,未在本研究的时间范围内,因此未将粤港澳大湾区中的香港特别行政区与澳门特别行政区纳入研究对象。
[②] 使用百度地图开放平台(API)获取城市行政首府的经纬度。

2007),计算公式为式(3.3)。

$$I = \frac{N\sum_{i=1}^{n}\sum_{j=1}^{n}W_{ij}(x_i-\overline{x})(x_j-\overline{x})}{\sum_{i=1}^{n}\sum_{j=1}^{n}W_{ij}\sum_{i=1}^{n}(x_i-\overline{x})^2} \quad (3.3)$$

其中,x_i、x_j为城市的属性值,W为空间权重矩阵,W_{ij}为空间内部各城市之间的影响情况,使用城市i的人均GDP年均值[①]与城市j的人均GDP年均值的差值倒数构建城市经济距离空间权重矩阵,以反映城市群中不同城市的经济竞争关系对流动人口集聚的影响,而$\overline{x}=\frac{1}{n}\sum_{i=1}^{n}x_i$。

计算标准化 $Z(I)$ 检验空间相关性的显著性,服从正态分布的 $Z(I)$ 的计算公式为式(3.4)。

$$Z(I) = \frac{I-E(I)}{\sqrt{VAR(I)}} \quad (3.4)$$

此外,利用局部 Moran's I 检验(Local Indicators of Spatial Association,LISA),测算局部空间的自相关程度,式(3.5)为计算公式。LISA 的 Z 检验与全局 Moran's I 检验一致,同式(3.4)。

$$I = \frac{(x_j-\overline{x})\sum_{i}^{n}W_{ij}(x_i-\overline{x})}{\sum_{i}^{n}(x_i-\overline{x})^2} \quad (3.5)$$

3. 社会网络分析

传统空间计量分析方法主要基于"相邻"或"相近"矩阵进行实证探讨,得出的政策含义往往局限于"局部"(李敬等,2014;刘华军等,2015)。而人口流动并不局限于"相邻"或"相近"地区,铁路、公路、航线及城市交通基础设施的改善有助于促进人口流动和城市人口聚集,城市间联系的强化

[①] 由于使用的是面板数据,故采用了城市的多期人均 GDP 的平均值计算城市经济距离空间权重矩阵。

可以使空间网络结构特征更加明显，仅依据传统空间计量方法进行分析可能存在偏误。因此，本章利用地理学、区域经济学中研究区域联系的引力模型，构建反映城市之间流动人口集聚相互作用以及网络关系的引力模型（王德忠等，1996），采用社会网络分析方法（Social Network Analysis，SNA），从时间与空间维度研究城市群发展与流动人口集聚空间格局的动态演化特征。对引力模型进行修正，将原模型中的常住人口规模更改为流动人口规模。计算公式见式（3.6）和式（3.7）。

$$R_{ij} = k_{ij} \frac{\sqrt{E_i M_i} \times \sqrt{E_j M_j}}{D_{ij}^2} \quad (3.6)$$

$$k_{ij} = \frac{E_i}{E_i + E_j} \quad (3.7)$$

其中，R_{ij} 表示城市 i 与城市 j 之间流动人口集聚的相互引力强度，E_i、E_j 为城市 i 与城市 j 的人均 GDP 水平（万元），M_i、M_j 为城市 i 与城市 j 中来源于省（直辖市）外其他城市的流动人口规模（万人），D_{ij} 为城市 i 与城市 j 之间行政中心的最短交通距离（千米），该变量基于最优时间下普通公路与高速公路的交通距离计算获得[①]。k_{ij} 为城市 i 对 R_{ij} 的贡献率，反映经济特征对流动人口集聚的引力，用城市 i 的人均 GDP 占城市 i 与城市 j 人均 GDP 之和的比例表示。

4. 空间滞后模型

城市群内部各城市之间流动人口的集聚存在空间依赖特征，即本城市的流动人口集聚受到其他城市流动人口集聚的影响，还可能受到滞后期城市间流动人口集聚的影响（Elhorst，2010），故本研究应用空间滞后模型（Spatial Lag Model，SLM）考察中国三大城市群流动人口集聚的影响因素，从而得到更加稳健的实证估计（Anselin，2002；邵帅等，2016）。设计的空间滞后模型见式（3.8）。

---

① 最优时间是指利用百度地图查询两地行政单位之间最短公路交通距离的时间。

$$FPA_{jt}=\rho \cdot W \cdot FPA_{jt-1}+\beta X_{jt}+\varepsilon_{jt} \quad (3.8)$$
$$\varepsilon \sim N(0,\sigma^2)$$

其中，FPA_{jt} 是第 t 年城市 j 的流动人口集聚程度，X_{jt} 为解释变量，W 是 $n\times n$ 的空间权重矩阵，反映了各城市群中不同城市之间的空间联系，ρ 是空间滞后回归系数，反映城市间固有的空间依赖程度，ε_{jt} 为随机扰动项，β 为控制变量 X_{jt} 的系数。借鉴已有文献（邵帅等，2016；王雨飞等，2016），本研究构建城市经济距离空间权重矩阵反映城市间经济竞争关系对流动人口集聚的影响，以城市 i 与城市 j 之间的普通公路与高速公路的交通距离的倒数构建城市距离空间权重矩阵。

基于 Hausman 检验，本研究选择固定效应空间滞后模型进行分析。由于城市群流动人口的空间集聚除了存在空间自相关以外，还可能受到动态空间依存关系影响，参考埃洛斯特的实证策略（Elhorst，2010），选择个体与时间双向固定效应的动态空间滞后模型，同时控制了个体与时间固定效应的交互项，模型构建见式（3.9）。

$$FPA_{jt}=\rho \cdot W \cdot FPA_{jt-1}+\beta X_{jt}+\mu_j+\mu_t+\mu_j\mu_t+\varepsilon_{jt} \quad (3.9)$$

μ_j 和 μ_t 分别为城市层面和年份上的固定效应，$\mu_j\mu_t$ 是城市与年份的交互项，用于控制随时空效应的不可观测区域因素的影响。同时本研究对标准误进行了城市层面的聚类调整。

四、城市群流动人口的空间分布格局

1. 城市群流动人口增长的差异

第一，三大城市群流动人口的规模持续增长，长三角的流动人口规模居于首位。表 3.1 显示，从流动人口的增长幅度来看，京津冀、长三角和珠三角城市群的流动人口规模 2000—2015 年分别增加了 1533.4 万人、2864.6 万人和 1700.4 万人，这意味着三大城市群对流动人口集聚始终保持着吸引力。三大城市群集聚的流动人口规模由高到低的位序发生了改变，从珠三角、长三角、京津冀城市群变为长三角、珠三角、京津冀城市群，长三角城市群的流动人口集聚规模在三大城市群中后来居上。

第二，三大城市群的流动人口占常住人口的比例呈现明显差异。流动人口占常住人口的比例由高到低分别为珠三角、长三角和京津冀城市群。珠三角城市群的流动人口占常住人口的比例增幅明显，到2015年达到48.5%。长三角城市群该指标呈现先升后降的趋势，2000—2015年共增长15.4个百分点；京津冀城市群该指标2000—2015年增加了12.6个百分点，从快速增长转为趋于稳定。这表明京津冀、长三角城市群流动人口集聚的态势已经相对稳定，而珠三角城市群常住人口快速增长的主要原因在于流动人口持续集聚。

第三，长三角、珠三角城市群的流动人口占全国流动人口的比例有所下降。截至2015年年末，各城市群流动人口规模占全国流动人口规模的比例由高到低分别为长三角、珠三角和京津冀城市群。与2000年相比，2015年京津冀城市群的流动人口占全国流动人口的比例提高了1.4个百分点。与京津冀城市群的变化趋势不同，长三角、珠三角城市群的流动人口占全国流动人口的比例2000—2015年分别下降了1.4个百分点与10.6个百分点。整体来看，长三角城市群流动人口在全国流动人口中的占比呈现缓慢下降趋势，珠三角城市群则由快速下降转为缓慢提升。

第四，三大城市群流动人口的规模和密度增幅明显放缓。表3.2显示，与2000—2010年相比，2010—2015年三大城市群的流动人口和常住人口增速均逐渐放缓。其中，长三角城市群流动人口年均增长率下降幅度最高，京津冀、珠三角城市群流动人口的年均增长率虽然明显降低，但仍然高于长三角城市群。三大城市群2000—2015年流动人口的密度均逐渐提升，珠三角城市群流动人口密度远高于长三角、京津冀城市群，显现出很强的流动人口集聚效应。

表3.1 中国三大城市群常住人口与流动人口的规模与比例

城市群分类	年份	常住人口/万人	流动人口/万人	城市群流动人口占常住人口的比例/%	城市群流动人口占全国流动人口的比例/%
京津冀	2000	9033.4	552.6	6.1	7.0
	2010	10441.1	1787.4	17.1	8.1
	2015	11142.4	2086.0	18.7	8.4

续表

城市群分类	年份	常住人口/万人	流动人口/万人	城市群流动人口占常住人口的比例/%	城市群流动人口占全国流动人口的比例/%
长三角	2000	12920.3	1492.7	11.6	19.0
	2010	15261.7	4169.5	27.3	18.9
	2015	16138.0	4357.3	27.0	17.6
珠三角	2000	5780.3	2015.1	34.9	25.6
	2010	7332.7	3174.8	43.3	14.4
	2015	7657.6	3715.5	48.5	15.0

表 3.2　中国三大城市群常住人口和流动人口的年均增长率与集聚密度

主要城市群	年份	常住人口的年均增长率/%	流动人口的年均增长率/%	常住人口密度/（人/平方千米）	流动人口密度/（人/平方千米）
京津冀	2000	—	—	416.3	25.5
	2010	1.5	12.5	481.2	82.4
	2015	1.3	3.1	513.5	96.1
长三角	2000	—	—	574.7	66.4
	2010	1.7	10.8	678.9	185.5
	2015	1.1	0.9	717.9	193.8
珠三角	2000	—	—	449.3	156.6
	2010	2.4	4.7	570.0	246.8
	2015	0.9	3.2	595.2	288.8

注：流动人口密度根据城市群流动人口规模除以行政区划总面积计算得到。

2. 城市群流动人口的分布重心变动特征

利用 ArcGIS 软件对城市群流动人口集聚的重心变动情况进行分析，发现以下特征。

第一，京津冀城市群流动人口的重心位于北京、天津、保定之间，与常住人口重心逐渐靠拢。图 3.1 显示，京津冀城市群的流动人口重心位于北京、天津、保定三个城市的中心位置，2000—2015 年先后向东北、南偏西方向偏移了 7 千米和 6.1 千米，从 2000 年的（39.34°N，116.34°E）移动到 2015 年的（39.32°N，116.40°E），总体向东南方向偏移了 6.28 千米。与流动人口的空间分布特征不同，常住人口重心靠近京津冀城市群中部，且持续向东北方向的北京、天津偏移，2000—2010年、2010—2015年分别向东北方向偏移6.6千米和2.6千米，这意味着北京、天津方向城市的常住人口规模对常住人口重心的影响持续增强。流动人口重心与常住人口重心间的距离逐渐缩短，从62.2千米下降至52.5千米，意味着城市群流动人口与常住人口的分布存在一定的空间依赖性。

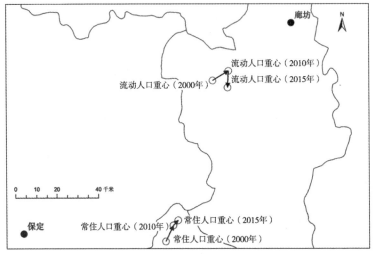

图3.1 京津冀城市群常住人口与流动人口重心变动情况（2000—2015年）

注：为方便显示人口重心变化，将部分城市隐藏，图3.2、图3.3相同。

第二，长三角城市群流动人口的重心向人口高度集聚区域偏移。图3.2显示，长三角城市群流动人口与常住人口重心位于江浙交界处，是人口与经济要素高度集聚的核心区域。2000—2010年流动人口与常住人口重心向东南方向分别偏移了6.3千米与8千米，但到2015年则分别向西北和东北方向偏移。2000—2015年，流动人口重心从（30.89°N，120.42°E）移动到（30.90°N，120.48°E），向东北方向共偏移6.2千米，常住人口重心向东北方向移动了3.3千米。流动人口重心与常住人口重心间的距离扩大，从34.6千米增加至37.2千米，总体上呈现稳定的人口重心变动态势。

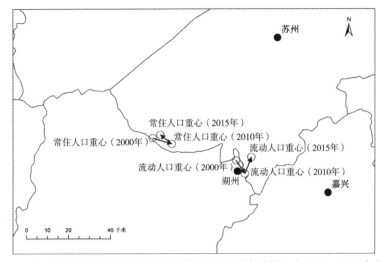

图 3.2 长三角城市群常住人口和流动人口重心的变动情况（2000—2015 年）

第三，珠三角城市群的流动人口重心向西北移动，与常住人口重心逐渐靠拢，集聚于"广深莞"核心区域。图 3.3 显示，珠三角城市群的流动人口重心居于广州、东莞之间，2000—2015 年从（22.86°N，113.58°E）移动到（22.88°N，113.57°E），向西北方向偏移 3 千米，与常住人口重心逐渐靠近，流动人口重心与常住人口重心间的距离从 22.7 千米下降为 16.6 千米。常住

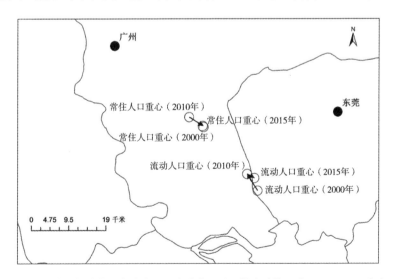

图 3.3 珠三角城市群常住人口和流动人口重心的变动情况（2000—2015 年）

人口重心向东南方向的东莞、深圳偏移，移动幅度较小。总体来看，流动人口与常住人口重心稳定于广州、深圳与东莞的三角核心区域，形成"广深莞"集聚的空间格局。

由上述分析可见，三大城市群流动人口集聚的重心变动态势存在较大差异。其中，京津冀城市群流动人口分布受城市等级影响明显，北京、天津对流动人口重心分布产生了较大的影响力，而其他城市并没有发生明显的影响作用。长三角城市群的流动人口重心呈现稳定的态势，向经济发达与人口高密度区域集聚，杭州、苏州、南京和合肥对流动人口重心的影响作用日益提升。而珠三角的流动人口重心则稳定位于广州、深圳与东莞的三角核心区域，形成了"广深莞"集聚的空间格局。城市群的流动人口重心移动方向均以城市经济发达方向为主，且流动人口重心和常住人口重心逐渐接近。

3. 城市群流动人口密度的空间自相关分析

对流动人口密度进行全局 Moran's I 指数检验。表 3.3 显示，从时间趋势来看，长三角城市群流动人口密度的空间负相关明显下降，这意味着长三角城市群内部各城市的发展较为均衡，使流动人口在城市群内部倾向于均衡分布；而京津冀、珠三角城市群流动人口密度的空间负相关逐渐增强，且到 2015 年京津冀城市群流动人口密度的空间负相关高于另外两个城市群，意味着京津冀、珠三角一些城市的流动人口密度与邻近城市差异很大，这些城市对流动人口集聚的虹吸效应仍在加剧。

表 3.3 中国三大城市群流动人口密度的全局空间自相关分析

城市群	年份	Moran's I	标准化值	P 值
京津冀	2000	−0.036	−0.083	0.001
	2010	−0.037	−0.083	0.001
	2015	−0.038	−0.083	0.000
长三角	2000	−0.257	−0.038	0.000
	2010	−0.090	−0.038	0.016
	2015	−0.027	−0.038	0.079

续表

城市群	年份	Moran's I	标准化值	P 值
珠三角	2000	-0.004	-0.071	0.001
	2010	-0.020	-0.071	0.001
	2015	-0.032	-0.071	0.006

将局部 Moran's I 散点图分为四个象限（Anselin，1995），分别对应空间单元与邻近单元之间的四种局部空间联系形式。表 3.4 显示，京津冀城市群各象限在 2000—2015 年变化较大。其中，石家庄、保定主要位于第一象限（HH），代表上述流动人口高密度的城市被其他高密度的城市包围；位于第二象限（LH）的城市包括承德、张家口、邢台、邯郸等，上述城市的流动人口密度弱于周边城市；仅 2015 年的衡水位于第三象限（LL），形成了"低—低"的集聚效应，成为城市群流动人口密度的冷点地区；北京、天津则长期位于第四象限（HL），形成了"高—低"的集聚效应，说明"双核"城市对其他城市的流动人口密度产生了抑制影响，保持着对流动人口的"虹吸效应"。

长三角城市群中各城市流动人口密度的变动存在差异，这表现为第二、第三象限中的城市发生了明显的变动。其中，第一象限（HH）的城市主要有南京、宁波、苏州、无锡，属于流动人口密度增长的热点城市；位于第二象限（LH）的城市主要有绍兴、常州等，上述城市对流动人口集聚的能力弱于周边城市；合肥、扬州、盐城、芜湖等城市则长期位于第三象限（LL），形成了"低—低"的集聚效应，属于流动人口密度的冷点地区；杭州、嘉兴、温州等城市位于第四象限（HL），形成了"高—低"的集聚效应，而上海也在 2015 年由第一象限进入了该象限，即这些城市相比周边城市拥有流动人口集聚的优势。

与京津冀、长三角相比，珠三角城市群的流动人口密度具有相对稳定的局部空间自相关特征。第一象限（HH）分布的城市主要有广州、佛山、中山，而江门、惠州、珠海均处于第二象限（LH），肇庆、韶关、清远、云浮、汕尾、河源、阳江则主要处于第三象限（LL），深圳、东莞城市位于第四象限（HL）。根据城市的地理区位、经济增长水平等因素的不同，可以将上述城市划分为两类，广州、深圳、佛山、东莞属于珠三角城市群流动人口集聚的中心城市，其余则属于外围城市。

表 3.4 中国三大城市群流动人口密度的局部空间自相关分析

年份	京津冀城市群			长三角城市群			珠三角城市群		
	2000年	2010年	2015年	2000年	2010年	2015年	2000年	2010年	2015年
第一象限（HH）	石家庄	石家庄 保定	石家庄 保定	上海 南京 宁波 苏州 无锡	上海 南京 宁波 苏州 无锡	南京 宁波 苏州 无锡	广州 佛山 中山	广州 佛山 中山	广州 佛山
第二象限（LH）	承德 张家口 邢台 邯郸 唐山 保定 衡水 沧州 秦皇岛 廊坊	承德 张家口 邢台 邯郸 唐山 衡水 沧州 秦皇岛	承德 张家口 邢台 邯郸 唐山 沧州 秦皇岛 廊坊	绍兴 常州	绍兴 常州 镇江 泰州 马鞍山 铜陵 舟山	绍兴 常州 镇江 泰州 舟山	江门 惠州 珠海	江门 惠州 珠海	中山 江门 惠州 珠海 肇庆
第三象限（LL）			衡水	合肥 扬州 盐城 芜湖 滁州 马鞍山 铜陵 池州 安庆 宣城 泰州 南通 湖州 台州 金华 舟山 镇江	合肥 扬州 盐城 芜湖 滁州 池州 安庆 宣城 南通 湖州 台州 金华	合肥 扬州 盐城 芜湖 滁州 池州 安庆 宣城 南通 湖州 台州 金华 马鞍山 铜陵	肇庆 韶关 清远 云浮 汕尾 河源 阳江	肇庆 韶关 清远 云浮 汕尾 河源 阳江	韶关 清远 云浮 汕尾 河源 阳江

续表

年份	京津冀城市群			长三角城市群			珠三角城市群		
	2000年	2010年	2015年	2000年	2010年	2015年	2000年	2010年	2015年
第四象限（HL）	北京 天津	北京 天津 廊坊	北京 天津	杭州 嘉兴 温州 常州	杭州 温州 嘉兴	上海 杭州 温州 嘉兴	深圳 东莞	深圳 东莞	深圳 东莞

4. 城市群流动人口集聚网络分布格局

根据三大城市群各城市之间流动人口集聚引力强度的均值，选取阀值为30，分析流动人口的空间集聚网络变化。

第一，京津冀城市群流动人口集聚网络呈双核分布、星状格局（见图3.4）。

京津冀城市群流动人口在城市之间的联系总体上增多，趋于密集，呈"星状"发散，由北京、天津、保定至石家庄方向延展；北京及天津处于强联系状态，西南部城市之间的联系逐渐趋于密集，但东北部城市相对处于弱联系状态，距离北京越远，城市之间联系越少。城市实际关联关系的线条数越多，则说明该城市流动人口空间集聚的网络联系更密集，强度更高。

从空间局部来看，北京、天津均为高引力强度，呈现双核集聚态势，2000—2015年，北京、天津与其他城市的流动人口集聚网络关系相对稳定，外围的张家口、承德、秦皇岛等城市之间流动人口网络关系的紧密程度并不高，这意味着各城市之间的社会经济、交通和基础设施等方面协同发展存在不足，制约了各城市间流动人口的关联程度。

第二，长三角城市群流动人口集聚网络呈多中心"网格状"分布格局，各城市的集聚程度较为均衡（见图3.5）。

长三角城市群不同年份流动人口集聚网络由以上海为核心向周边城市发散，逐渐演变为多中心发散的格局，城市之间流动人口的空间集聚联系增多，呈现"网格状"密集分布特征，形成了持续稳定的跨区域流动人口集聚网络。流动人口集聚网络变化经历了两个阶段：2000—2010年，流动人口集聚网络

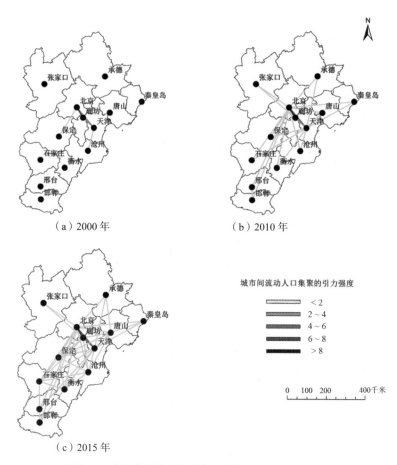

图 3.4 京津冀城市群流动人口集聚网络的空间特征

以上海为核心,上海与江苏、浙江的流动人口联系逐渐增加,集聚网络由上海分别向西北方向、西南方向发散;2010—2015 年扩散到苏州、无锡、常州、南京、杭州、宁波等多个流动人口集聚网络节点,各城市之间对流动人口的引力强度相似,较为均衡。其中,江苏省的苏州、无锡、常州位于江苏省南部,密集分布的城市便于流动人口在邻近城市间流动,推动流动人口集聚网络密集化(王珏等,2014)。

流动人口集聚的网络结构与经济布局有密切关系。苏南地区的"苏、锡、常"与上海区位邻近且滨江临海,具有经济集聚的区位优势,在 20 世纪 80

年代的乡镇企业改革和90年代的引进外资过程中经济快速增长,不同层级的城市迅速发育,城市分布比较密集、发展较为均衡。浙东北的经济增长与苏南模式相近,同样是以乡镇企业改革、外向型经济为主要特征。2010—2015年,城市之间网络联系的密度不断增强,以杭州为中心,集聚网络延伸到西南,形成了多中心网格状流动人口集聚的特征。

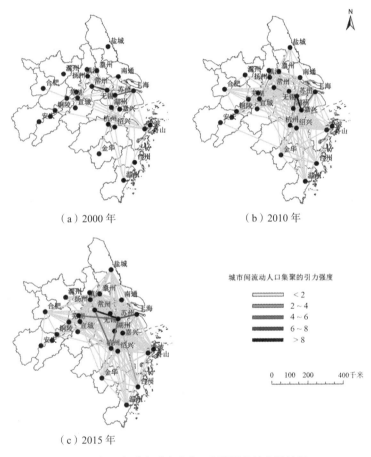

图 3.5　长三角城市群流动人口集聚网络的空间特征

第三,珠三角城市群流动人口集聚网络呈现出中心—外围层次结构(见图3.6)。

珠三角城市群在珠江两侧的"广州—深圳—佛山—东莞"沿岸形成密集

网络，在各个年份均形成高强度流动人口集聚引力关系，稳固占据核心区域位置。而网络核心区域以外的外围城市则处于弱联系状态，距离网络中心位置越远，城市之间联系数量越少，流动人口集聚网络呈现中心稳定、密度高，且不断向外发散的格局。从空间局部来看，2000—2010年广州、深圳、佛山、东莞之间的强联系逐渐扩展，网络密度不断增加。到2015年，以四大城市为核心的流动人口集聚网络向珠江两岸进一步拓展，但外围城市之间始终处于弱联系状态。珠三角城市群经济发展水平较高的区域集中于珠江两侧，广州、深圳、佛山、东莞四地的地区生产总值在珠三角城市群中长期位于前列，从2010年占珠三角城市群总GDP的72.9%增加至2020年的75.3%，而流动

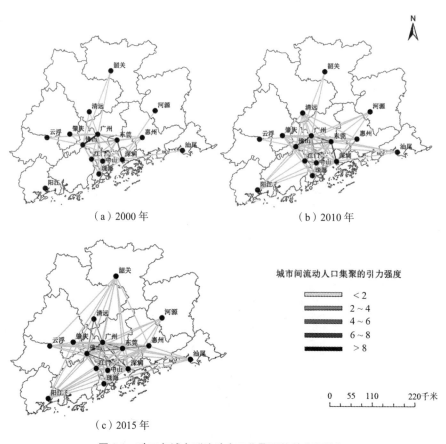

图 3.6 珠三角城市群流动人口集聚网络的空间特征

人口的空间集聚联系在 2000—2015 年也以这些城市为核心，在珠江沿岸形成密集的流动人口集聚网络。

珠三角城市群各城市的经济发展水平差距较大，且不同城市的人均 GDP 水平排序在 2000—2015 年没有明显变化，这是珠三角城市群流动人口集聚网络结构较为稳定的主要原因。此外，珠三角城市群北部的地形特征以山区为主，交通基础设施的发展受到地理条件的制约，不利于流动人口集聚网络的扩散。随着 2019 年"粤港澳大湾区"国家战略的实施，人才、物流、资金流、信息流等要素流动水平提升的潜力巨大，有助于进一步提升流动人口集聚网络的密度，加强中心与外围城市网络的联系，构成强互补关系，促进经济、人口网络联系通道的优化。

五、城市群流动人口集聚空间分布格局的影响机制研究

1. 变量选择

本研究的核心被解释变量是流动人口集聚程度，选择流动人口密度进行衡量，该变量在王桂新、尹德挺等学者的文献中有较多应用（王桂新等，2006；尹德挺等，2019）。

选取的解释变量包括：（1）工资水平。一些研究表明城市工资水平的提高对流动人口规模具有正向促进作用（姚永玲等，2020），因此采用城市职工平均工资进行衡量。（2）经济增长差距。已有研究多采用 GDP、人均 GDP 等变量衡量经济增长水平（童玉芬等，2015；张耀军等，2014），与上述研究不同，为了更好地体现城市群内部各城市的经济增长差距，本研究利用该城市人均 GDP（取对数）减去各城市人均 GDP（取对数），来衡量城市群内部各个城市经济增长水平与城市群平均经济增长水平之间的差距。（3）第三产业产值占比。随着产业升级，资本对劳动力的替代效应会弱化劳动力密集型产业发展，这意味着低端制造业等劳动密集型行业占比下降或向外转移将使低技能劳动力向外流动，而资本和技术密集型产业则吸引高技能人才流入城

市。可见，产业结构转变将影响劳动力市场需求，进而影响劳动力集聚水平，故选择第三产业产值占比来衡量产业结构。（4）房价水平。高房价对劳动力流动会产生明显的挤出效应（张莉等，2017），选择城市的商品房平均销售价格来衡量房价水平。（5）人均财政支出。基于蒂博特的研究，公共服务是促进劳动力"用脚投票"的因素（Tiebout et al., 1956），本研究选择人均财政支出来衡量公共服务水平。（6）固定资产投资水平。选择人均固定资产投资来衡量城市群的资本集聚水平，分析资本集聚水平如何提升劳动力集聚程度。（7）对外开放程度。由于省际人口流动与区域对外开放程度密切相关（盛广耀，2018），本研究选择外商直接投资占城市 GDP 的比例来衡量城市对外开放程度。（8）互联网普及率。程名望等（2020）学者的研究表明互联网发展对中国劳动力流动具有正向影响，故本研究选择国际互联网普及程度来衡量互联网技术发展对劳动力集聚的影响作用。（9）空气污染程度。有研究发现空气污染对于流动人口选址具有显著的负向影响（Chen et al., 2017；孙伟增等，2019），但是也有研究发现，由于经济发展程度较高的地区能够提供较好的工作岗位和医疗条件，居民对空气污染的容忍程度高，劳动力仍向 $PM_{2.5}$ 浓度较高的大城市流动。本研究选择城市的 $PM_{2.5}$ 浓度来衡量空气污染程度对人口集聚的影响。各变量的描述性统计见表 3.5。

表 3.5 三大城市群流动人口集聚机制回归模型的变量描述性统计

变量	京津冀		长三角		珠三角	
	均值	标准差	均值	标准差	均值	标准差
流动人口密度/（人/km^2，对数）	80.30	120.80	179.10	279.20	657.52	279.20
工资水平/（元，对数）	29463.27	21306.03	33567.85	21436.58	30396.28	21436.58
经济增长差距	0.00	0.44	0.00	0.43	0.00	0.43
第三产业产值占比/%	38.87	11.04	38.75	7.40	39.56	7.40
房价水平/（元，对数）	3979.77	3834.13	4863.13	3692.94	4971.88	3692.94
人均财政支出（元，对数）	4056.22	4346.41	4754.44	4050.25	3954.21	4050.25
固定资产投资水平/（元，对数）	17651.54	15984.65	24064.10	20588.43	14499.48	20588.43

续表

变量	京津冀		长三角		珠三角	
	均值	标准差	均值	标准差	均值	标准差
对外开放程度/%	0.40	0.41	0.52	0.38	0.83	0.38
互联网普及程度/(户/万人,对数)	1118.97	1000.57	1422.73	1284.21	1680.75	1284.21
空气污染程度/($\mu g/m^3$,对数)	48.43	21.33	44.97	16.73	30.47	16.73

注：京津冀、长三角和珠三角城市群的样本量分别为78、162、90。

2. 模型估计结果

表3.6报告了空间滞后模型（SLM）回归的实证结果。结果显示，模型系数ρ显著为负，表明三大城市群内部的各个城市对邻近城市的流动人口集聚程度均存在明显的负向空间溢出效应，而且京津冀城市群流动人口集聚程度形成的负向溢出效应强于长三角和珠三角城市群。

工资水平、经济增长差距、人均财政支出、对外开放程度、空气污染程度是影响城市群流动人口集聚的重要因素。其中，城市工资水平对三大城市群流动人口集聚均具有显著的正向影响，并且影响系数高于其他控制变量，即较高的工资水平在提升城市群流动人口集聚方面具有优势。城市群内各城市的经济增长差距对京津冀、长三角城市群产生显著的正向作用，这意味着城市群内部各城市的经济发展差异程度是流动人口空间格局演变的重要因素，如果城市群内部经济增长差距扩大，将提升中心城市对流动人口集聚产生的"激励效应"。人均财政支出对京津冀、长三角城市群流动人口集聚产生了促进作用，意味着优质的公共服务将促使流动人口"用脚投票"选择流入的城市。除此之外，对外开放程度对长三角、珠三角城市群的流动人口集聚具有明显的激励效应，而空气污染对京津冀、珠三角城市群的流动人口集聚产生了负向作用，意味着当空气质量下降或生态环境恶劣时会降低流动人口集聚水平。

产业结构、房价水平对流动人口集聚在不同城市群产生了异质性影响。

与长三角不同，第三产业产值占比对京津冀、珠三角城市群流动人口集聚具有显著的负向影响，表明长三角城市群的产业发展在不同城市具有较好的梯度差异和产业衔接，第三产业的主导优势有利于吸引流动人口集聚，而京津冀、珠三角城市群中核心、边缘区域的城市产业结构差异明显，第二产业对于部分城市集聚流动人口的作用更强。与以往研究的结论不同（王珏等，2014；姚永玲等，2020；张莉等，2017），房价水平对不同城市群的流动人口集聚产生了异质性的影响。具体而言，房价水平对京津冀、长三角城市群流动人口集聚产生显著的负向影响，对珠三角城市群的流动人口集聚则有正向影响，这意味着房价在不同城市群产生的影响机制和过程可能不同，高房价可以增加流动人口的居住成本，从而降低人口流入城市的可能性，但是也可以通过住房带来财富效应吸引部分流动人口在城市集聚。

比较各变量的影响系数，发现三大城市群流动人口集聚的关键因素各不相同。高房价、环境污染弱化了经济收入对京津冀城市群流动人口集聚的吸引力，因此降低生活成本和提升城市宜居水平有利于促进流动人口集聚。提升公共服务的供给水平是促进长三角城市群流动人口集聚的关键因素，而高度对外开放则可以增强经济因素的激励效应，提升珠三角城市群流动人口的集聚水平。

表3.6　三大城市群流动人口集聚的影响因素探讨（SLM模型）

变量	（1）京津冀城市群 经济距离	（2）京津冀城市群 城市距离	（3）长三角城市群 经济距离	（4）长三角城市群 城市距离	（5）珠三角城市群 经济距离	（6）珠三角城市群 城市距离
工资水平	0.371*** (4.04)	0.482*** (4.61)	0.624*** (2.79)	0.624*** (2.72)	0.530*** (3.92)	0.518*** (3.86)
经济增长差距	0.229*** (2.93)	0.294*** (3.13)	0.368* (1.72)	0.384* (1.75)	−0.079 (−0.64)	−0.075 (−0.61)
第三产业产值占比	−0.004*** (−2.73)	−0.004*** (−2.89)	0.048*** (2.98)	0.044*** (2.85)	−0.009** (2.24)	−0.008** (2.13)

续表

变量	(1) 京津冀城市群 经济距离	(2) 京津冀城市群 城市距离	(3) 长三角城市群 经济距离	(4) 长三角城市群 城市距离	(5) 珠三角城市群 经济距离	(6) 珠三角城市群 城市距离
房价水平	-0.183*	-0.184*	-0.100**	-0.114**	0.318***	0.305***
	(-1.72)	(-1.73)	(2.44)	(2.45)	(4.13)	(3.88)
人均财政支出	0.009**	0.013**	0.466***	0.378***	0.089	0.148
	(2.45)	(2.47)	(3.32)	(2.66)	(0.44)	(0.71)
固定资产投资水平	0.062	0.103	-0.050	-0.052	0.160	0.138
	(1.14)	(1.54)	(-0.92)	(-0.93)	(1.43)	(1.22)
对外开放程度	0.055	0.045	0.198***	0.212***	0.268***	0.275***
	(0.65)	(0.43)	(2.89)	(3.02)	(4.74)	(4.88)
互联网普及程度	0.011	0.024	-0.007	-0.012	0.030	0.029
	(0.25)	(0.43)	(-0.14)	(-0.22)	(1.27)	(1.22)
空气污染程度	-0.007*	-0.008*	0.001	0.001	-0.032***	-0.035***
	(-1.81)	(-1.79)	(0.55)	(0.33)	(-2.60)	(-2.75)
城市固定效应	控制	控制	控制	控制	控制	控制
年份固定效应	控制	控制	控制	控制	控制	控制
城市与年份交互项	控制	控制	控制	控制	控制	控制
ρ	-0.923***	-0.583**	-0.324**	-0.147***	-0.429***	-0.426***
	(-2.99)	(-1.96)	(-2.45)	(-2.82)	(-3.43)	(-4.29)
Log L	101.073	94.661	89.300	86.238	39.576	39.711
N	78	78	162	162	90	90
R^2	0.79	0.95	0.84	0.82	0.62	0.68

注：各个回归结果中均进行了城市层面的聚类；括号内为 z 统计量；*$P<0.05$，**$P<0.01$，***$P<0.001$。

除了上述因素之外，城市群发展规划与人口管理政策对流动人口分布格局也产生了不容忽视的影响。在城市群发展政策层面，京津冀、长三角与珠三角城市群均出台了区域协同发展战略，从信息、交通、土地、财政、公共服务等方面打通城市群内部要素流动的障碍①，以吸引人才流入，促进城市发展水平提升。但是，在近年来的发展过程中，城市群仍然存在外围城市对人才的吸引不足、城市群内部各城市的功能定位不明晰等问题。在人口管理政策方面，以《国家新型城镇化规划（2014—2020年）》的发布为标志，不同人口规模的城市对流动人口的落户和居住管理措施存在差异，大城市以及中小城市通过积分落户、居住证制度等放松落户渠道，促进外来人口在城市融入，并为人才流入打通政策渠道②，但超大城市仍然对人口总量实施相对严格的管控政策。人口管理政策虽然可以控制人口总量过快增长，但也可能引发劳动力短缺、人口老龄化快速提升等问题，因此，对于这类超大城市外来人口规模调控的手段、强度等，仍须进行谨慎的政策研判和动态调整，以减少对城市社会经济发展带来的不利影响。

六、小结

本章基于京津冀、长三角和珠三角城市群的面板数据，对流动人口集聚的空间格局及机制进行研究，得出以下结论。

第一，三大城市群的流动人口规模和密度均有明显增长，但流动人口规模和密度的增长速度均有所放缓，珠三角城市群的流动人口规模占全国流动人口规模的比例降幅较大。由于中国人口增长的拐点已经到来，城市群须谨

---

① 如《京津冀都市圈区域规划》（2010年）、《京津冀协同发展规划纲要》（2015年）、《长江三角洲地区区域规划》（2010年）、《珠江三角洲地区改革发展规划纲要（2008—2020年）》（2008年）、《国家新型城镇化规划（2014—2020年）》（2014年）等政策文件，以及一些学者的文献研究（盛亦男等，2019；孙阳等，2016；张耀军等，2020）。

② 如《安徽省人民政府办公厅关于推进实施流动人口居住证制度的意见》（2013年）、《广东省人民政府关于进一步推进户籍制度改革的实施意见》（2015年）、《推动1亿非户籍人口在城市落户方案》（2016年），以及各省或直辖市印发的《中共江苏省委关于聚力创新深化改革打造具有国际竞争力人才发展环境的意见》（2017年）、《浙江省人民政府办公厅关于调整完善户口迁移政策的通知》（2018年）、《广州市引进人才入户管理办法实施细则》（2019年）等政策文件。

慎制定人口规划措施，避免流动人口集聚放缓甚至集聚趋势减弱对未来城市群经济增长与发展带来的不利影响。

第二，在城市群规划和部分城市社会经济发展优势的影响下，流动人口分布的重心持续向经济发达和人口高度集聚区域移动，流动人口的社会网络日益密集，且"外围"城市的社会网络密集度明显提升。

第三，三大城市群的流动人口网络格局呈现一定的差异性。京津冀城市群流动人口分布受城市等级影响最为明显，北京、天津的"虹吸效应"明显且仍在加强，外围城市的集聚能力不足，流动人口集聚网络较为稀疏，呈双核分布、星状发散的格局。长三角城市群内部城市在不同时期流动人口的集聚过程中发挥了网络节点的作用，使长三角城市群流动人口集聚网络核心节点多、集中度高。珠三角城市群流动人口分布的重心则稳定位于珠江沿岸的广州、深圳与东莞等城市，但地理因素制约了城市群北部流动人口集聚网络的密集程度。

第四，三大城市群流动人口集聚的影响因素存在差异。高房价与环境污染弱化了经济因素对京津冀流动人口的吸引力，较高的公共服务能力与开放水平则分别是促进流动人口持续向长三角、珠三角城市群集聚的关键因素。各城市群可以依据影响流动人口集聚的关键因素引导人口有序流动、合理布局。城市群发展规划与人口管理政策持续影响着三大城市群的流动人口分布格局，但仍有待进一步完善。

第四章
京津冀城市群流动人口长期居留的影响机制

2020年《中共中央国务院关于构建更加完善的要素市场化配置体制机制的意见》的出台,标志着除了中小城市以外,超大城市、特大城市的落户限制进一步放松。随着户籍制度改革深化,城市对流动人口的包容性日益增强,流动人口逐渐被有机纳入城市发展体系之中,流动人口融入程度有所提高,居住时间不断延长,长期居留倾向明显。京津冀城市群的城市类型多样,囊括了超大城市、特大城市、Ⅰ型大城市、Ⅱ型大城市等不同类型城市,每个城市的地理区位条件、社会经济发展水平、公共服务质量各异,又具有城市群协同发展的社会政策背景。在京津冀协同发展的过程中,北京通过非首都功能疏解政策引导人口向周边城市流动,控制人口总量,其他城市则实施相对宽松的落户政策和积极的人才引进政策。在上述因素的影响下,京津冀城市群流动人口的居留和落户意愿可能展现出一定的特殊性,值得深入、系统研究。

本章着眼于京津冀城市群流动人口的居留倾向。第一节,将依据居留意愿和落户意愿匹配的情况构建居留倾向变量,分析当前京津冀城市群流动人口长期居留和落户的意愿,同时分析收入差距、城市发展水平和京津冀协同发展政策对流动人口居留倾向的影响。第二节以北京为例,分析非首都功能疏解过程中流动人口居留意愿的变化情况,即政策实施后是否会增强流动人口的离城和不确定性居留意愿。

一、京津冀城市群流动人口居留倾向的影响机制

1. 文献综述

随着流动人口在城市的居留时间不断延长，流动人口已经从早期的暂时流动或循环流动模式向长期居留转变，有关居留意愿和落户意愿的研究日益成为流动人口的研究热点。在已有研究中，分析流动人口在城市的长期稳定居住倾向有两个常见的概念——居留意愿与落户意愿，两者分别代表流动人口居留行为的不同阶段。在大多数的研究中，居留意愿指 5 年以上的中长期居住意愿，而落户意愿则指流动人口落户城市的意愿，代表着永久定居倾向，属于流动人口居留的最终阶段，其居住稳定性高于居留意愿。

对居留或落户意愿影响因素的研究发现，在婚、高学历、非农户籍可以明显提高居留与落户意愿的可能性（刘涛等，2019；杨雪等，2017；张新等，2018）。由于流动人口进入城市的主要目的是务工经商，因此收入仍然是影响居留或落户意愿的重要因素，随着个体或家庭收入增加，流动人口的居留或落户意愿随之增强（Akay et al.，2012；王春兰等，2007）。非正规就业身份则会降低流动人口长期居留的可能性（杨凡等，2018）。流入地的市场潜能、充足的社会保障与公共服务供给，可以为流动人口提供保障并增强其心理认同感，提升其长期居留与落户意愿（边恕等，2021；林李月等，2019）。此外，住房条件或与住房相关的财富积累对居留意愿具有显著的正向影响（Zhu et al.，2010；张新等，2018），但是大城市较高的房价水平以及激烈的劳动力市场竞争可能对流动人口产生挤出效应（周颖刚等，2019）。子女等其他家庭成员随迁可以增强流动人口的社会融入水平，提升其居留或落户意愿（王春超等，2017）。

流动人口的居留和落户意愿不仅受到个体或家庭因素的影响，也同样受到城市宏观社会经济发展水平的影响（盛亦男，2017）。城市人口规模、经济发展水平、公共服务供给、产业集聚水平等因素均影响着流动人口的居留或落户意愿。较好的经济发展水平意味着能够通过优化配置生产要素、加强

产业聚集，增加流动人口的就业机会和经济收入，对居留意愿产生正向影响（代红娟等，2022）。蒂博特认为移民对不同公共品的偏好影响其对居住地点的选择（Tiebout et al.，1956），对中国大城市的经验研究同样发现，城市提供的公共服务会吸引流动人口进入城市，提高其在城市居留或落户的意愿（侯慧丽，2016b；李国正等，2017）。基础教育等公共服务可以促进子女随迁、增强流动人口的定居意愿（邹杰玲等，2018）。

流动人口的居留或落户意愿代表了个体对未来定居地点的倾向，流动人口更希望在大中城市落户（盛亦男，2017；张翼，2011），已有研究验证了在丰富的就业机会、优质的公共服务供给、较高工资水平的影响下，北京、天津在吸引流动人口长期居留方面具有优势（艾小青等，2019），而河北的诸多城市在吸引人口流入方面处于劣势，廊坊等城市甚至成为流动人口流向超大城市的暂居地。然而，京津冀协同发展政策可能会使京津冀城市群不同城市流动人口的居留或落户意愿现状发生变化。京津冀协同发展中的产业协同发展政策会使产业分布格局发生改变，超大城市的批发零售业、物流业等劳动密集型行业向周边区域转移，会减少流动人口所集聚的劳动密集型行业的就业机会，进而削弱流动人口长期居住的可能，上述行业中就业的流动人口将随产业向周边迁移。而石家庄等北京周边城市则作为承接地接纳随产业转移的流动人口，同时，这些城市也实施了宽松的落户政策和更为积极的人才引进政策。那么，在京津冀协同发展政策的实施过程中，京津冀城市群各城市流动人口的居留与落户意愿可能会发生变化，即政策实施可能会在一定程度上削弱超大城市的收入、产业集聚与公共服务资源优势，使得北京、天津流动人口高居留、高落户意愿的比例下降，而京津冀城市群其余城市流动人口的居留与落户意愿则提升。

接下来，将展开以下研究。首先，依据居留与落户意愿的匹配结果构建居留倾向变量。目前，大量的学术研究只是分别针对居留意愿或落户意愿的影响因素进行分析，但是居留意愿与落户意愿并非总是一致的，部分流动人口受到社会经济环境、政策变动以及个体决策因素的影响，可能仅拥有居留意愿却无落户意愿。将居留意愿与落户意愿进行匹配后获得的居留倾向变量，可以更为精准地分析流动人口的居留倾向,研究结论可以为进一步深化流动人口居留意愿与行为的理论研究作出贡献。其次,分析京津冀社会政策的变动可能对居留倾向带来的影响。超大城市产业集聚和优质的公共服务吸引流动人口长期居留乃至落户,然而又通过各类调控政策抑制居留或落户意愿,削弱城市发展对流动人口居留的正向影响。京津冀协同发展的政策背景,使我们可以分析城市发展水平、社会政策与流动人口居留倾向的互动作用及其影响机制。

2. 数据说明与变量设计

本部分的分析采用 2012 年和 2017 年 CMDS 数据,一方面可以通过时期对比展现居留倾向的变动趋势,另一方面这两个年份的调查有相似的问题设计,可以满足经验分析的需要。在删除存在缺失值的个案后,共获取 21921 个观察值。

表 4.1 展示了变量的描述性统计结果。根据调查问卷,居留意愿由"您是否打算在流入地长期居住(5 年及以上)?"这一问题处理后获得(1= 愿意,0= 不愿意或没想好);落户意愿由"如果没有任何限制,您是否愿意把户口迁入本地?"这一问题处理后所得(1= 愿意,0= 不愿意或没想好)。根据上述两个变量构建居留倾向变量,构建方式为将居留意愿与落户意愿进行匹配,将既无居留意愿又无落户意愿定义为"离城意愿",仅有居留意愿而无落户意愿定义为"暂居意愿",既有居留意愿又有落户意愿则定义为"定居意愿"[①]。

核心解释变量包含两个变量。(1)城市发展水平,由于夜间灯光能够较好地反映人类活动情况(Henderson et al., 2012),可以将其作为 GDP、公共服务水平等变量的替代指标,因此选取可见光红外成像辐射仪(Visible Infrared Imaging Radiometer, VIIRS)夜间灯光遥感数据来衡量城市发展水平。

---

① 本研究以居留意愿作为匹配的基础,但是在样本的匹配中仍然存在一些流动人口仅有落户意愿,而并无居留意愿。本研究认为,这类流动人口仅在能够获取户口的情况下,才会考虑长期稳定居住,属于稳定性相对较差的人群,因此未纳入样本分析中。这类人群在 2012 年和 2017 年的样本中分别占 9.25% 和 20.22%。

(2)收入差距,以流动人口在流入地的实际收入与其户籍所在地省会的平均工资收入作为衡量收入差距的变量。

选取被访者的社会经济特征作为控制变量。(1)就业身份,将流动人口的就业身份分为三类,即雇员、雇主、自营劳动及其他。(2)未成年子女数,界定为流动家庭中未满18周岁的未成年子女数。(3)房价收入比,用流动人口在城市的年收入与年均房价的比值计算,代表流动人口对城市房价的支付能力。(4)流动时间,指流动人口初次流动至被调查年份的时间。(5)流动距离,界定为流动人口的户籍所在地与流入城市之间的地理距离,应用 Great Circle Distance 公式通过两地的地理经纬度计算获得,该方法在经济学、地理学等领域均有广泛的应用(Faber,2013)。此外,还控制了流动人口的年龄、性别、受教育水平、婚姻状况以及户籍性质等变量。

各变量的描述性统计见表4.1。

表4.1 变量的描述性统计

变量	样本量	均值	标准差	最小值	最大值
居留倾向					
离城(参照组)	8324	0.380	0.485	0	1
暂居	2374	0.108	0.311	0	1
定居	11223	0.512	0.500	0	1
收入差距	21921	−0.003	3.417	−7.259	17.592
城市发展水平	21921	3.924	1.639	0.783	5.596
时期					
2012年(参照组)	10716	0.489	0.500	0	1
2017年	11205	0.511	0.500	0	1
就业身份					
雇员(参照组)	14335	0.654	0.476	0	1
雇主	1525	0.070	0.254	0	1
自营劳动及其他	6061	0.276	0.447	0	1
未成年子女数	21921	0.394	0.612	0	4
房价收入比	21921	3.138	3.124	0.164	48.634
流动时间	21921	1.016	5.914	−5.117	40.883
流动距离	21921	5.937	5.301	0	26.017

续表

变量	样本量	均值	标准差	最小值	最大值
年龄	21921	34.927	9.261	15	84
性别					
女性（参照组）	9082	0.414	0.493	0	1
男性	12839	0.586	0.493	0	1
受教育程度					
小学及以下（参照组）	2502	0.114	0.318	0	1
初中或高中	14246	0.650	0.477	0	1
大专及以上	5173	0.236	0.425	0	1
婚姻状况					
不在婚（参照组）	4551	0.208	0.406	0	1
在婚	17370	0.792	0.406	0	1
户籍性质					
非农户籍（参照组）	4784	0.218	0.413	0	1
农业户籍	17137	0.782	0.413	0	1

3. 分析结果

（1）流动人口的居住稳定性有所降低

图4.1的结果显示，与2012年相比，京津冀城市群流动人口离城意愿的

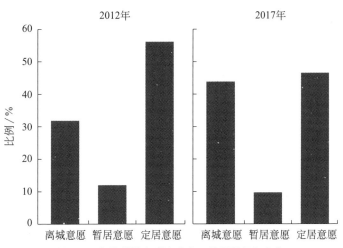

图 4.1 京津冀城市群流动人口的居留倾向变化

比例提高了 11.94 个百分点，而拥有暂居意愿以及定居意愿的流动人口比例则有所降低，分别降低 2.29 个百分点和 9.65 个百分点。这意味着流动人口在京津冀城市群的稳定性降低，流动性有所增强。

（2）京津冀城市群流动人口居留倾向的影响因素

1）基准模型分析

表 4.2 显示了流动人口居留倾向影响因素的模型估计结果，因变量的参照组为定居意愿。模型 1 到模型 3 应用多元 Probit 回归逐步纳入解释变量进行估计，模型 4 到模型 6 采用多元 Logit 回归逐步纳入解释变量进行估计。模型 4 到模型 6 的 IIA（无关选择独立性）检验结果显示，在删除暂居意愿分类后卡方检验结果为 76.32，在删除定居意愿后卡方检验结果为 1998，证明各分类之间的选择相互独立，不存在相关关系，可以应用多元 Logit 模型进行分析。

回归结果显示，收入差距对离城意愿以及暂居意愿产生了显著的负向影响，这说明流动人口在城市的实际收入与户籍所在地省会的平均工资差异扩大，将增强城市对流动人口的拉力，增加其在城市安居落户的可能性。城市发展水平同样会降低离城意愿以及暂居意愿的发生概率，这意味着，城市发展水平提高可以为流动人口提供丰富的就业机会以及优质的公共服务，增强流动人口对城市的心理认同感和归属感，进而增强其长期居留意愿。与 2012 年相比，2017 年流动人口的离城意愿和暂居意愿均有显著的提高，而在此期间，京津冀协同发展战略开始实施，城市群产业布局发生变化，一些行业的劳动力需求下降，增加了流动人口在城市居留的不确定性，流动人口的离城意愿以及暂居意愿有所增强。

模型 3 和模型 6 显示，与雇员身份相比，雇主身份可以显著降低暂居意愿的概率，雇主和自营劳动者的就业身份则均会增加离城意愿的概率。未成年子女随迁可能降低离城意愿以及暂居意愿，这是由于未成年子女随迁意味着流动人口及其家庭成员在城市的居住较为稳定（王春超等，2017），与城市的内嵌更深，可以增强其居留或落户的意愿。尽管一些研究发现，大城市较高的房价水平可能对流动人口产生挤出效应（周颖刚等，2019），但回归模型却得到了不同结果，即发现房价收入比对离城意愿和暂居意愿产生负向影响，这意味着一些城市的居住成本较高时，反而通过更好的区位条件和公共服务资源吸引了流动人口长期定居乃至落户，高房价带来相应的收入回报和财富优势增强了居留倾向（Zhu et al.，2010；张新等，2018）。

流动时间对暂居意愿和离城意愿产生显著的负向影响，原因在于流动时间延长意味着流动人口已经融入城市生活中，文化和生活习惯差异逐渐消弭，增强了流动人口的居留或定居意愿。流动距离对暂居意愿具有显著的正向影响，但对离城意愿的影响不显著。意味着随着户籍地和现住地距离的增加，两地间文化和生活习惯差异逐渐增大，流动成本随之上升，增强了流动人口在流入地的不确定性，降低长期定居和落户的概率。

人口学特征的回归结果显示，年长、男性、受教育程度较低、农业户籍会提高流动人口的离城意愿以及暂居意愿，不在婚会提高暂居意愿但会降低离城意愿，这与以往一些研究的结论相似（刘涛等，2019；杨雪等，2017；张新等，2018）。劳动力市场分割理论表明，城市雇主偏好雇佣年轻的外来劳动力（Doeringer et al.，1971），这使得年龄较大的劳动者的居留意愿减弱，如果无法落户将会选择返乡。女性更容易通过婚姻实现身份转变，在流入地落户和定居的意愿更加强烈，因此男性更可能离开城市。受教育水平较低的流动人口在劳动力市场缺少技能优势，在流入地落户和长期定居的能力较弱。不在婚流动人口更有可能因受城市优质资源的吸引更有暂居或定居的意愿。与非农业户籍流动人口相比，农业户籍流动人口在流出地拥有宅基地和承包地增加了其在城市长期定居的成本，且面临本地与外地的户籍障碍以及城乡分隔（刘涛等，2019），与城市的内嵌程度更低，增加了该部分群体的不稳定性，更容易因政策环境变动而选择离开城市。与流入北京相比，流入天津或河北会显著提高流动人口的暂居意愿和离城意愿，这意味着，尽管近年来北京的落户难度在京津冀城市群中居于首位，但仍然是京津冀城市群中最吸引流动人口长期居住的城市。

表 4.2　流动人口居留倾向的基准回归

变量	多元 Probit			多元 Logit		
	(1)	(2)	(3)	(4)	(5)	(6)
	暂居意愿					
收入差距	-0.106***	-0.095***	-0.039***	-0.130***	-0.120***	-0.052***
	(0.004)	(0.005)	(0.005)	(0.006)	(0.006)	(0.007)
城市发展水平	-0.299***	-0.273***	-0.072**	-0.361***	-0.332***	-0.107***
	(0.008)	(0.009)	(0.025)	(0.010)	(0.011)	(0.032)
时期（2012 年）						
2017 年	1.139***	1.253***	0.858***	1.379***	1.529***	1.113***
	(0.031)	(0.033)	(0.058)	(0.038)	(0.041)	(0.075)
就业身份（雇员）						
雇主		-0.040	-0.169**		-0.090	-0.238**
		(0.058)	(0.061)		(0.075)	(0.079)
自营劳动及其他		0.231***	0.001		0.282***	0.002
		(0.031)	(0.033)		(0.038)	(0.041)
未成年子女数		-0.360***	-0.365***		-0.455***	-0.469***
		(0.024)	(0.026)		(0.030)	(0.033)
房价收入比		-0.005	0.051***		-0.008	0.063***
		(0.004)	(0.005)		(0.005)	(0.007)
流动时间		-0.084***	-0.078***		-0.107***	-0.099***
		(0.003)	(0.003)		(0.003)	(0.004)
流动距离		0.016***	0.028***		0.020***	0.035***
		(0.003)	(0.003)		(0.003)	(0.003)
年龄			0.005**			0.006*
			(0.002)			(0.002)
性别（女）						
男			0.143***			0.180***
			(0.029)			(0.036)
受教育程度（小学及以下）						
初中或高中			-0.208***			-0.262***
			(0.045)			(0.056)
大学专科及以上			-0.806***			-1.012***
			(0.059)			(0.074)

续表

变量	多元 Probit			多元 Logit		
	(1)	(2)	(3)	(4)	(5)	(6)
婚姻状况（不在婚）						
在婚			−0.242***			−0.284***
			(0.041)			(0.051)
户籍（非农户籍）						
农业户籍			0.571***			0.717***
			(0.041)			(0.051)
省/市（北京）						
天津			0.816***			1.024***
			(0.049)			(0.062)
河北			1.533***			1.848***
			(0.071)			(0.090)
常数项	0.074**	−0.024	−1.581***	0.094**	−0.023	−1.915***
	(0.025)	(0.033)	(0.120)	(0.031)	(0.041)	(0.151)
离城意愿						
收入差距	−0.050***	−0.058***	−0.024***	−0.060***	−0.073***	−0.029***
	(0.005)	(0.005)	(0.006)	(0.008)	(0.008)	(0.009)
城市发展水平	−0.288***	−0.263***	−0.278***	−0.396***	−0.359***	−0.413***
	(0.010)	(0.011)	(0.029)	(0.015)	(0.016)	(0.042)
时期（2012 年）						
2017 年	0.669***	0.672***	0.628***	0.854***	0.854***	0.857***
	(0.037)	(0.039)	(0.066)	(0.054)	(0.057)	(0.094)
就业身份（雇员）						
雇主		0.313***	0.221***		0.452***	0.323***
		(0.063)	(0.064)		(0.086)	(0.088)
自营劳动及其他		0.237***	0.074		0.313***	0.099
		(0.037)	(0.039)		(0.053)	(0.056)
未成年子女数		−0.023	−0.082**		0.014	−0.082*
		(0.027)	(0.028)		(0.037)	(0.039)
房价收入比		−0.021***	0.027***		−0.037***	0.033***
		(0.006)	(0.006)		(0.010)	(0.010)
流动时间		−0.016***	−0.012***		−0.013**	−0.008
		(0.003)	(0.003)		(0.004)	(0.004)

续表

变量	多元 Probit			多元 Logit		
	(1)	(2)	(3)	(4)	(5)	(6)
流动距离		−0.006	0.006		−0.012**	0.006
		(0.003)	(0.003)		(0.005)	(0.005)
年龄			0.001			−0.001
			(0.002)			(0.003)
性别（女）						
男			0.107**			0.129**
			(0.035)			(0.050)
受教育程度（小学及以下）						
初中或高中			−0.026			−0.017
			(0.055)			(0.080)
大学专科及以上			−0.130			−0.096
			(0.071)			(0.102)
婚姻状况（不在婚）						
在婚			0.176***			0.307***
			(0.053)			(0.079)
户籍（非农户籍）						
农业户籍			0.457***			0.611***
			(0.049)			(0.072)
省/市（北京）						
天津			0.830***			1.114***
			(0.058)			(0.082)
河北			0.707***			0.839***
			(0.084)			(0.121)
常数项	−0.599***	−0.642***	−1.727***	−0.759***	−0.804***	−2.173***
	(0.030)	(0.041)	(0.144)	(0.043)	(0.059)	(0.211)
pseudo R^2				0.067	0.112	0.178
AIC	38944.913	37114.262	34385.167	38939.228	37073.396	34358.666
BIC	39008.874	37274.166	34672.994	39003.190	37233.300	34646.493
Log likelihood	−19464.456	−18537.131	−17156.583	−19461.614	−18516.698	−17143.333
Chi-squared	2527.464	3953.381	5857.072	2778.392	4668.224	7414.954
N	21921	21921	21921	21921	21921	21921

注：因变量的参照类为定居意愿；括号中的变量为参照组；括号中的数值为 z 统计量；*$P < 0.05$，**$P < 0.01$，***$P < 0.001$。

2）工具变量法

模型的内生性来源于以下几个方面，第一，遗漏变量问题。本研究已经尽可能控制了影响流动人口居留倾向的因素，然而仍然会受到其他不可观测因素的影响，容易产生因遗漏变量偏误而引发的内生性问题。第二，收入差距和夜间灯光变量是内生变量。收入差距用于度量人口的收入水平，容易受到流动人口其他个体特征的影响，且可能存在测量误差；而夜间灯光是测量城镇化水平的变量，可能与地理区位、气候等因素相关，进而影响流动人口的居留倾向。

为了缓解内生性问题，本研究选取"被访者所居住社区除本人以外其他社区成员的平均收入"作为收入差距的工具变量。已有研究表明，住房存在邻里外部性，居住在同一社区的居民会受到共同居住特征的影响（Kling et al.，2007），如租金、房屋价格等特征的影响，居住在同一社区居民的收入水平具有相关性，因此我们认为流动人口的收入水平与除本人以外其他社区成员的平均收入相关，即工具变量满足相关性条件。进一步来讲，工具变量不会直接影响流动人口本人的居留或落户意愿，满足外生性条件。此外，选取流入城市的"平均高程"[①]作为夜间灯光的工具变量。以往研究发现，高程是影响人类适宜生存与生活舒适性的指标，高程与土地耕种、植被覆盖以及城市建设用地的开发适宜性密切相关（吕晨等，2017），在适宜的高程范围内人口集聚规模会显著提高（汪思言等，2014）。夜间灯光作为代表人口集聚与城镇化水平的变量，与城市的平均高程之间存在相关性。因此，平均高程作为工具变量，满足相关性条件。在高海拔的城市或地区，流动人口的居留倾向可能会受到平均高程的影响，而本研究的研究范围是京津冀城市群，各城市的平均高程相差不多，并不会直接影响流动人口的居留倾向，因此工具变量满足外生性条件。

表4.3的模型结果显示，工具变量"社区平均工资""平均高程"分别与内生变量收入差距和城市发展水平之间存在显著的相关性。第一列中，辅助

---

① 某点沿铅垂线方向到绝对基面的距离，称绝对高程，简称高程。

估计参数 atanhrho 值显示，atanhrho_24 和 atanhrho_34 分别在 0.05 和 0.001 的水平下显著，说明收入差距的估计方程和暂居意愿以及离城意愿之间存在显著的相关性，收入差距存在内生性问题。同样地，第二列中辅助估计参数 atanhrho_24 以及 atanhrho_34 也均显著，再次证实了城市发展水平存在内生性问题。与多元 Probit 模型相比，应用条件混合进程（CMP）的递归估计过程在缓解内生性问题后，使估计结果具有一致性。

表 4.3　流动人口居留倾向的影响机制：CMP 估计过程

第二阶段	（1）多元 Probit	（2）多元 Probit
暂居意愿		
收入差距	−0.063***	−0.024***
	（0.018）	（0.046）
城市发展水平	−0.262***	−0.199***
	（0.030）	（0.046）
时期（2012 年）		
2017 年	0.635***	0.469***
	（0.066）	（0.096）
控制变量	控制	控制
离城意愿		
收入差距	−0.125***	−0.038***
	（0.014）	（0.005）
城市发展水平	−0.045+	0.045
	（0.025）	（0.039）
时期（2012 年）		
2017 年	0.890***	−0.635***
	（0.057）	（0.082）
控制变量	控制	控制
第一阶段		
社区平均工资	3.883***	
	（0.059）	
平均高程		−0.005***
		（0.000）

续表

第二阶段	（1）多元 Probit	（2）多元 Probit
lnsig_4	1.139***	0.603***
	（0.005）	（0.007）
atanhrho_24	0.094*	0.074*
	（0.040）	（0.034）
atanhrho_34	0.210***	0.117**
	（0.032）	（0.029）

注：括号中的变量为参照组；括号中的数值为 z 统计量；$^+P<0.1$，$^*P<0.05$，$^{**}P<0.01$，$^{***}P<0.001$；比较 CMP 过程与多元 Probit 模型中其他控制变量的系数，控制变量的影响方向一致。

通过 CMP 过程消除内生性后，第一列中，收入差距对暂居意愿、离城意愿的负向影响在 1% 水平下依然显著，表明收入差距对居留倾向具有显著的负向影响。第二列中，城市发展水平对暂居意愿存在显著的负向影响，与预期相符，但对离城意愿的影响不显著。这意味着，在处理了模型的内生性问题后，城市发展水平仅会影响流动人口的暂居意愿，但并不直接影响流动人口离开城市的决策。

（3）交互效应模型：收入差距、城市发展水平与时期因素对流动人口居留倾向的影响

表 4.4 分析了收入差距与时期的交互效应对居留倾向的影响。模型 1 和模型 2 使用多元 Probit 模型进行分析，模型 3 和模型 4 则使用多元 Logit 模型进行分析，可作为模型 1 和模型 2 的稳健性检验。2012 年和 2017 年分别代表京津冀城市群的优化产业布局、非首都功能疏解等政策的实施前和实施后，那么收入差距与时期的交互效应就意味着分析京津冀协同发展过程中，各类政策的实施是否改变了收入差距对居留倾向的影响效果。交互效应的估计结果显示，与 2012 年相比，2017 年政策实施后收入差距扩大对流动人口暂居意愿产生了负向影响，即近年来京津冀协同发展政策对暂居意愿的促进作用小于收入差距提升对流动人口暂居意愿的削弱作用，这一结果表明，收

入差距扩大仍然会增强京津冀城市群流动人口在城市的居留倾向，是影响居留倾向的刚性因素。

表4.4 交互效应模型

变量	（1）暂居意愿 多元Probit	（2）离城意愿 多元Probit	（3）暂居意愿 多元Logit	（4）离城意愿 多元Logit
收入差距	−0.007	−0.043***	−0.005	−0.058***
	（0.010）	（0.010）	（0.013）	（0.013）
时期（2012年）				
2017年	0.611***	0.864***	0.834***	1.123***
	（0.067）	（0.058）	（0.095）	（0.076）
交互项（收入差距×2012年）				
收入差距×2017年	−0.026*	0.005	−0.037*	0.007
	（0.011）	（0.011）	（0.016）	（0.014）
控制变量	控制	控制	控制	控制
pseudo R^2				0.178
AIC		34382.183		34356.283
BIC		34686.001		34660.100
Log likelihood		−17153.092		−17140.141
Chi-squared		5854.410		7421.337
N		21921		21921

注：因变量的参照类为定居意愿；括号中变量为参照组；括号中的数值为z统计量；*$P<0.05$，**$P<0.01$，***$P<0.001$。

表4.5展示了城市发展水平与时期因素的交互效应。模型1和模型2使用了多元Probit模型，模型3和模型4使用了多元Logit模型进行估计。模型1和模型3的结果显示，城市发展水平对暂居意愿具有显著的负向影响，但对离城意愿的影响不显著。因此，我们仅关注城市发展水平与时期因素的交互效应对暂居意愿的影响，结果显示，2017年城市发展水平对暂居意愿产

生了正向影响，而京津冀城市群优化产业布局、非首都功能疏解等政策的实施，使得城市发展水平吸引流动人口长期居留的正向作用被削弱，增强了流动人口对于未来居留地点选择的观望态度。

表4.5 城市发展水平与时期对居留倾向影响的交互效应

变量	（1）暂居意愿 多元Probit	（2）离城意愿 多元Probit	（3）暂居意愿 多元Logit	（4）离城意愿 多元Logit
城市发展水平	−0.478***	0.097	−0.653***	0.094
	（0.087）	（0.073）	（0.122）	（0.093）
时期（2012年）				
2017年	0.556***	0.919***	0.768***	1.186***
	（0.072）	（0.063）	（0.101）	（0.080）
交互项（城市发展水平×2012年）				
城市发展水平×2017年	0.118*	−0.099*	0.145*	−0.118*
	（0.047）	（0.039）	（0.066）	（0.050）
控制变量	控制	控制	控制	控制
pseudo R^2			0.178	
AIC	34365.478		34343.652	
BIC	34669.295		34647.469	
Log likelihood	−17144.739		−17133.826	
Chi-squared	5882.754		7433.968	
N	21921		21921	

注：因变量的参照类为定居意愿；括号中的变量为参照组；括号中的数值为z统计值；*$P<0.05$，**$P<0.01$，***$P<0.001$。

（4）异质性分析

不同的就业身份使得流动人口面临的政策影响有所不同，使其居留倾向的表现存在差异。模型1和模型2依然使用多元Probit模型进行分析，模型3和模型4使用多元Logit模型进行稳健性检验。表4.6的结果显示，与雇员就业身份相比，雇主身份对暂居意愿具有显著的正向影响，而雇主身份、自营及其他就业身份会降低离城意愿。2017年政策实施后，流动人口的暂居和离城意愿均有所提高。与 2012 年相比，2017 年自营及其他就业身份对离城意愿产生了正向的交互效应，说明京津冀协同发展过程中优化产业布局和非首都功能疏解等政策的实施对流动人口离城意愿的正向作用强于自营及其他就业身份的负向作用。这意味着，这类政策实施后显著增强了自营及其他就业身份流动人口的离城意愿。

表 4.6 就业身份与时期的交互效应分析

变量	（1）暂居意愿 多元 Probit	（2）离城意愿 多元 Probit	（3）暂居意愿 多元 Logit	（4）离城意愿 多元 Logit
就业身份（雇员）				
雇主	0.276***	−0.244**	0.403***	−0.344**
	（0.081）	（0.081）	（0.108）	（0.105）
自营及其他	0.117*	−0.157***	0.176*	−0.200***
	（0.052）	（0.047）	（0.073）	（0.059）
时期（2012 年）				
2017 年	0.673***	0.766***	0.935***	0.996***
	（0.071）	（0.061）	（0.102）	（0.079）
雇主 × 2017 年	−0.136	0.140	−0.197	0.204
	（0.126）	（0.118）	（0.175）	（0.154）
自营劳动及其他 × 2017 年	−0.090	0.287***	−0.157	0.361***
	（0.074）	（0.062）	（0.105）	（0.078）
控制变量	控制	控制	控制	控制
pseudo R^2			0.179	
AIC	34359.565		34333.111	
BIC	34679.373		34652.919	
Log likelihood	−17139.782		−17126.556	
Chi-squared	5891.749		7448.509	
N	21921		21921	

注：因变量的参照类为定居意愿；括号中的变量为参照组；括号中的数值为 z 统计量；*$P<0.05$，**$P<0.01$，***$P<0.001$。

不同受教育程度的流动人口在京津冀协同发展过程中优化产业布局和非首都功能疏解政策实施时受到的影响程度不同。表 4.7 的结果显示,与基准模型一致,较高的受教育程度对离城意愿具有显著的负向影响,即高学历流动人口的居住稳定性更强,而时期因素对离城和暂居意愿产生正向作用,即增加流动人口居留倾向的不稳定性。交互项分析结果显示,与 2012 年相比,2017 年政策实施后流动人口拥有中学或大学专科及以上学历可以显著降低离城意愿。京津冀协同发展过程中优化产业布局和非首都功能疏解政策的实施增加了流动人口就业的不稳定性,其离城意愿增强,小学及以下学历的流动人口更容易因政策实施而离开城市。

表 4.7 受教育程度与时期的交互效应分析

变量	(1)暂居意愿 多元 Probit	(2)离城意愿 多元 Probit	(3)暂居意愿 多元 Logit	(4)离城意愿 多元 Logit
受教育程度(小学及以下)				
初中或高中	−0.086	−0.039	−0.125	−0.049
	(0.072)	(0.064)	(0.099)	(0.079)
大学专科及以上	−0.116	−0.312***	−0.143	−0.377***
	(0.090)	(0.080)	(0.127)	(0.099)
时期(2012 年)				
2017 年	0.548***	1.277***	0.686***	1.647***
	(0.117)	(0.097)	(0.171)	(0.124)
初中或高中 × 2017 年	0.139	−0.317***	0.262+	−0.396***
	(0.107)	(0.087)	(0.158)	(0.108)
大学专科及以上 × 2017 年	−0.015	−0.925***	0.112	−1.174***
	(0.123)	(0.103)	(0.180)	(0.129)
控制变量	控制	控制	控制	控制
pseudo R^2			0.181	
AIC	34281.165		34253.666	
BIC	34600.973		34573.474	
Log likelihood	−17100.582		−17086.833	

续表

变量	(1) 暂居意愿 多元 Probit	(2) 离城意愿 多元 Probit	(3) 暂居意愿 多元 Logit	(4) 离城意愿 多元 Logit
Chi-squared	5930.119		7527.954	
N	21921		21921	

注：因变量的参照类为定居意愿；括号中的变量为参照组；括号中的数值为 z 统计量；$^+P<0.1$, $^*P<0.05$, $^{**}P<0.001$, $^{***}P<0.001$。

二、市场机制、政策引导与居留意愿：以北京为例

在迁移领域的研究中，流动人口会对其定居地点作出决策。在户籍制度因素的影响下，中国流动人口在早期的人口流动过程中呈现城乡间"循环流动"的模式。随着户籍制度改革逐渐深化，一些流动人口通过居住证等形式实现在城市长期定居，定居意愿也有所增强。中国国内移民已进入波恩移民[①]的第三阶段。然而，流动人口在城市的居留意愿在不同时期也会发生变动。城市的人口调控、产业疏解等政策的实施，以及地区间社会经济发展水平的变化，通过影响就业机会使迁移风险发生变动。在迁移风险增加时，流动人口会形成"走一步、看一步"的观望态度（O'Connell et al., 1997），即不确定性居留意愿。

中国正处在社会政策快速变动的时期。以 1989 年《关于严格控制民工

---

① 波恩（W. R. Bohning）曾经提出移民与定居的"四阶段说"，他认为，移民从发生、定居到生存、发展，主要按四个阶段进行：第一阶段，新移民（主要是年轻的客工）到达移入国，该批移民有两个主要特点，即向家乡汇款和预期在工期结束后启程回国；第二阶段，一部分移民留了下来，并基于血缘或地缘关系，发展出对其在新环境生存有帮助作用的社会网络；第三阶段，家庭团聚，长期定居意识的产生，对移入国的向往和与自身相同的族群和社区的形成、发展，使得移民日益倾向于在移入国永久定居下来；第四阶段，移民争取公民权与其他社会权利、法律地位的阶段。在第四阶段，移民输入国的政府扮演了主要的角色：移民最终是取得平等的公民地位还是遭到排斥，与该国的政策及其内部政治、经济、社会、文化状况有着密切的关系。

外出的紧急通知》为标志，中国开始实施人口流动管制政策，并在随后的30余年对户籍政策进行循序渐进的改革，从早期的严格管控逐渐发展为管理与服务并行，再到近年来以城市规模分类为依据进行户籍制度改革。依据《国家新型城镇化规划（2014—2020年）》，与户籍规制宽松的中小城市不同，以北京为代表的中国特大城市，受困于交通拥堵、环境污染等城市病问题，仍然对城市人口总量进行严格控制。在《京津冀协同发展规划纲要》中，北京明确了"四个中心"的城市战略定位，疏解非首都功能成为城市规划的重要任务，其主要手段是疏解部分不符合北京城市发展战略的产业。产业疏解政策会减少部分流动人口的就业机会，增加其在城市定居的风险。与此同时，北京依托工资收入的相对优势吸引人口流入，增加流动人口长期定居的意愿。可见，在政策规制和市场机制的影响下，流动人口不确定性居留意愿将发生变动。对于不确定性居留意愿的变动趋势、影响机制等问题有待深入研究。

北京是中国特大城市中运用政策规制调节人口流动的典型城市，本小节以北京流动人口的不确定性居留意愿作为研究对象。研究问题是，第一，在非首都功能疏解的背景下，产业疏解政策会使不确定性居留意愿发生怎样的变动？第二，北京与其他城市相比具有收入的比较优势，对流动人口长期留京具有吸引力，在政策规制的背景下，北京收入的比较优势是否依然会增强流动人口的居留意愿？第三，市场机制和政策规制对不确定性居留意愿的影响是否具有差异？

本节剩余部分的内容安排如下：在第一部分综述相关文献并提出可能改进的方向；在第二部分，基于收入差距和政策规制对不确定性居留意愿的影响，提出研究假设；第三部分介绍实证分析的策略；第四部分进行实证分析，对北京流动人口居留意愿近年来的变动趋势、不确定性居留意愿的影响机制、时间与行业类型对不确定性居留意愿影响的交互效应，以及不同时期和不同行业类型流动人口的不确定性居留意愿的差异进行实证研究，汇报实证分析的结果。

1. 文献综述

在中国人口流迁过程中，居留行为与户籍制度密切相关。依据新古典经济学的研究，流动人口为获取更高的经济收入和丰富的就业机会向城市迁移（Harris et al.，1970）。但是受到户籍制度的制约，中国的流动人口往往在一定年龄返回农村或维持其流动者身份（Wang et al.，2006），因此一些早期的研究关注流动人口的返乡意愿（Zhao，2002）。近年来的研究发现，虽然许多流动者无法获得城市户籍，但也拥有在城市长期的居留意愿，因此不少研究开始探讨流动人口在城市的居留意愿及其影响因素（马瑞等，2011；任远，2008）。总的来说，这些研究仍然集中于"居留"层面，而很少涉及"不确定"性的问题。一些研究将居留意愿划分为长期居留、离开或不确定（李树茁等，2014），只是将"不确定"作为与居留意愿比较的分类，或将"不确定"作为序次变量纳入分析（侯慧丽，2018）。总体来看，侧重于流动人口不确定性居留意愿的研究还比较有限。

不确定性居留意愿会影响居留意愿的分析结果，如范芝芬的研究发现，在有"不确定"意愿选项时，流动人口的居留意愿为15%~30%的水平，而没有这一选项，居留意愿则会提高到30%~40%（Fan，2011）。不确定性居留意愿在居留意愿的调查中占据相当大的比例，不同研究数据的结果集中在20%~30%，如在福建省的调查中选择"难以确定"的比例达到31.5%（Yu et al.，2010），河南省的调查则显示选择"不确定"居留意愿的达到23.2%（张玮，2012），北京约39%的流动人口对居留地点不确定（Huang et al.，2017）。

流动人口形成不确定性居留意愿受到诸多因素的影响，除了社会经济特征、流迁经历等因素的影响，还受到迁移风险的影响。流动人口在流迁过程中会考量迁移风险（Harris et al.，1970；O'Connell et al.，1997；Todaro，1969），将迁移风险纳入对未来迁移回报的估计（Katz et al.，1986），这类迁移风险包括未来工资水平、生活条件、与亲属的关系以及适应当地文化等方面（Williams et al.，2014）。如果迁移风险过高就会阻碍迁移行为的发生（Wang et al.，2004），使人们产生观望行为（O'Connell et al.，1997）。可见，迁移风险增加将使流动人口形成不确定性居留意愿。流动人口通常选择家庭迁移策略分散迁移风险。新迁移经济学认为，外出的家庭成员和其他家庭成员之间会建立隐形契约，迁移者在劳动力市场获取的收入会以汇款的形式给予其他家庭成员，而其他家庭成员也分担着迁移者面临失业等迁移风险（Katz et al.，1986；Stark et al.，1985）。可见，在迁移风险增加时，流动人口及其家庭成员会调整联合迁移策略，以减少迁移风险对家庭福利的影响。迁移策略的改变在居留方面表现为居留意愿的变化。

与以往研究相比，本研究的贡献体现在以下方面。第一，不少研究忽视了确定性居留意愿（留城意愿或离城意愿）与不确定性居留意愿之间的差异，多将不确定性居留意愿与离城意愿合并编码。这种研究设计掩盖了流动人口提供的"不确定性居留意愿"信息，因为那些"不确定"和"离开"的流动人口可能存在很大差异。不同于以往研究，本研究将关注不确定性居留意愿的形成机制与过程。第二，有关不确定性居留意愿变动趋势及影响机制的研究在已有研究中很少涉及。产业疏解的政策规制将减少流动人口的就业机会，增加迁移风险，增强其不确定性居留意愿，而收入则通过市场机制增强流动人口抵抗迁移风险的能力，增强其居留意愿，从而减少不确定性居留意愿。本研究将关注政府规制和市场机制对流动人口不确定性居留意愿的影响。

2. 研究假设

（1）收入水平与不确定性居留意愿

获取更高的经济收入是影响流动人口居留意愿的重要因素。二元经济结构下的劳动力迁移依据乡城实际收入差异贴现值作出决策，该值受到迁移者的就业机会、迁移的固定成本以及城市实际收入净期望值的影响。假设迁移的固定成本对任何迁移者均是一致的，那么在市场机制的作用下，就业机会和劳动报酬是影响人口迁移的主要动因（Todaro，1969），较高的经济收入对居留意愿具有正向影响效应（李树茁等，2014；杨雪等，2017）。但是也有研究认为，流入地和流出地的收入差距对居留意愿的边际影响递减（Chen et al.，2009）。收入水平与居留意愿呈现倒 U 形关系，即当超过了特定的收入水平时，提升生活质量会为流动者带来更高的效用（艾小青等，2019）。由于中国的劳动力市场呈现二元劳动力市场分割的特征（Xin et al.，2001），流动人口多处于劳动力市场中的第二部门，其就业待遇往往较低，人力资本难以得到合理评价，虽然多数人流动的目的是获取更高的经济收入，但是其收入只是为了提高社会经济地位，而非提高长期定居的可能（叶鹏飞，2011）。流出地与流入地之间的收入差距对不确定性居留意愿的影响仍然有待检验。

受自然地理条件、历史文化背景、区位优势和行政地位等因素的影响，北京的人均可支配收入与其他地区相比占据优势。《中国统计年鉴》的统计数据显示，2000—2017 年，北京城镇居民人均可支配收入从 10345 元增长到 62406 元，分别是全国水平的 1.6 倍和 1.7 倍，北京城镇居民人均消费水平则从 8493 元增长到 40346 元，分别是全国水平的 1.7 倍和 1.6 倍。可见，北京与其他地区存在的收入差距可能会增强流动人口在北京的长期居留意愿，减少不确定性居留意愿的形成。

（2）产业疏解政策与不确定性居留意愿

人口流动为城市提供了充足的劳动力，但也受到城市基础设施不足和公共资源供给不足的客观约束。首尔、东京、伦敦、纽约、巴黎、莫斯科等国外大城市，采取了标准化管理、新城构建、中心城区改造和行政机构搬迁等形式，实现对城市人口的管理和规制（刘波，2018）。北京近年来也通过发展城市新区、产业疏解等措施，以实现疏解非首都功能、调控人口规模的目标。自 2014 年以来，以《国务院关于进一步推进户籍制度改革的意见》要求"严格控制特大城市人口规模"为标志，北京人口调控政策不断加强。在产业调控政策方面，北京于 2014 年和 2015 年先后出台了《北京市新增产业的禁止和限制目录》，旨在以产业疏解实现非首都功能疏解，到 2020 年实现北京的常住人口规模控制在 2300 万人以内的目标[①]。在 2017 年推行了"疏解整治促

---

① 《北京城市总体规划（2016 年—2035 年）》中设置的目标。

提升"专项行动（2017—2020年），以疏解非首都功能，优化首都发展布局，降低中心城区人口密度。

产业疏解政策所带来的就业机会冲击，会增加流动人口在城市就业的风险，使流动人口形成不确定性居留意愿。制造业等产业转移会引发就业人口规模下降（Baker et al.，2003），甚至通过产业关联产生倍增的影响（Egger et al.，2003）。对北京的研究发现，产业疏解政策减少了对劳动力的需求（肖周燕，2018），分行业来看，批发零售行业、住宿和餐饮业疏解带来的人口疏解效果不明显，而交通运输、仓储和邮政业，房地产业疏解带来的人口减量效果明显（赵成伟等，2018），但也有研究证实批发零售业和制造业的转移政策能够带来明显的人口疏解效果（王继源等，2015）。产业疏解政策使疏解行业的流动人口的定居意愿减弱，使其处于观望状态（侯慧丽，2018）。

根据以上分析，提出以下研究假设：

假设1：产业疏解政策的实施减少流动人口的就业机会，增加其失业风险，进而增强流动人口的不确定性居留意愿。

假设2：户籍地的人均可支配收入与流入地实际收入差距增加，会增强流动人口在北京的居留意愿，使不确定性居留意愿减弱。

3. 数据与研究方法

（1）数据来源与实证策略

数据来源于中国流动人口动态监测调查（CMDS）2012年、2014年、2017年在北京的调查数据，调查对象为在北京居住1个月以上的非北京户籍人口，样本量分别为5853人、7777人、6846人。选取这一分析时间，是由于2014—2017年北京出台了一系列产业疏解政策。存在缺失值的变量包括就业、收入和出生年月。由于本研究关注产业疏解政策对传统行业和新兴行业就业的流动人口不确定性居留意愿的影响，因此不在业的被访者会使就业变量出现缺失值，此外有部分被访者未汇报收入和出生年月。户籍地来自西藏自治区和青海省的样本量很少，因此集中删除了户籍地为这两个地区的样本数据。整理后的样本量分别为4470人、7033人和4500人，总样本量为

16003人。户籍地的人均可支配收入数据来自调查时点对应年份的《中国统计年鉴》。

本研究的实证策略为：第一，应用多元Logit回归模型，分析2012—2017年政策规制和市场机制对北京流动人口不确定性居留意愿的影响机制。依据《北京市新增产业的禁止和限制目录》，产业疏解政策对不同行业的规制程度有所差异，因此传统行业和新兴行业对流动人口不确定性居留意愿的异质性影响反映出政策规制的影响程度；此外，不同年份对不确定性居留意愿的影响，可以比较不同时期产业疏解政策的影响程度；收入差距对不确定性居留意愿的影响则反映出市场机制的调节作用。第二，基于交互模型，分析时间与行业的交互效应对不确定性居留意愿的影响，即在传统行业就业的流动人口的不确定性居留意愿是否会随着时间推移而不断提升。第三，比较市场机制与产业疏解政策对不确定性居留意愿的影响存在的差异。对不同时期流动人口的不确定性居留意愿进行多元Logit回归，分析传统行业与新兴行业流动人口不确定性居留意愿的变动趋势。第四，应用倾向值匹配分析方法进行稳健分析，比较在干预组（传统行业）与控制组（新兴行业）就业的流动人口的不确定性居留意愿是否有显著差异。

（2）变量测量

因变量为流动人口未来五年是否有在流入地长期定居的意愿，将该变量编码为三分类变量，即留京意愿、离京意愿和不确定性居留意愿[①]。借鉴已有研究，北京的产业疏解政策对制造业、批发零售业等传统行业的作用较强，而对信息传播、金融业等行业的疏解作用较弱（侯慧丽，2016a）。为了比较产业疏解政策对不同行业流动人口居留意愿产生的影响，利用系统聚类方法

[①] 2012年和2014年的问卷中居留意愿为一个问题；2017年的问卷中居留意愿共涉及两个问题："今后一段时间，您是否打算继续留在本地"以及"如果打算留在本地，留多久"。笔者将"留在本地5年以上"定义为留京意愿，将"留在本地5年及以下"以及"不打算留在本地"定义为离京意愿，将"不确定"定义为不确定性居留意愿。

对流动人口从事的行业进行聚类分析①，将其命名为传统行业和新兴行业②，比较不同行业类型流动人口不确定性居留意愿存在的差异。

自变量方面，分析收入差距对流动人口居留意愿产生的影响。以往研究多考虑流动人口在城市的收入水平对居留意愿的影响（艾小青等，2019；杨雪等，2017），不同于这些研究，笔者将收入差距界定为户籍地的人均可支配收入与流动人口在城市实际获取的收入之间的差距。将户籍地的人均可支配收入视为"潜在收入"，是指当流动人口选择不流动时可以获得的收入。农业户籍流动人口的潜在收入界定为户籍地省份农村居民的人均可支配收入，而城镇户籍流动人口的潜在收入界定为户籍地省份城镇居民的人均可支配收入③，这一变量的处理方式在以往一些研究中也曾应用过（Fan，2011；Wu et al.，2004）。

本研究将带眷系数界定为流动人口为非农就业，而随迁的其他家庭成员为纯眷属（非就业人口）的人数，不包括随迁家庭成员为非农就业，或进城原因为务工、经商的家庭成员。计算带眷系数可以得到每一位就业流动人口平均带动的非就业眷属的人数。流动时间延长将提高流动人口的市民化水平（苏丽锋，2017），较长的流动时间意味着流动者在城市就业比较稳定，可以构建并拓展城市的社会网络，增强流动人口在城市长期居留的意愿（姚俊，2009）。迁移距离延长会降低流动人口的长期居留意愿（朱宇，2004）。为了保证外生性，迁移距离由 Great Circle Distance 公式计算获得。流动人口在城市的居留意愿可能受到户籍地落户门槛的影响，随着各地户籍制度改革深化，

---

① 聚类控制的变量包括分行业的能源消费、平均工资水平、固定资产投资、行业地区生产总值、行业就业人口、调查的行业人口、调查的平均年收入、调查的行业流动人口不确定性居留意愿。

② 聚类分析结果中传统行业包括农林牧渔业，采矿业，制造业，建筑业，批发零售业，交通运输、仓储和邮政业，住宿餐饮业，房地产业，租赁和商务服务业。新兴行业包括电煤水热生产供应，信息传播、软件和信息技术服务，金融业，科研和技术服务业，水利、环境和公共设施管理业，教育业，卫生和社会工作业，文体和娱乐业，公共管理、社会保障和社会组织，国际组织。

③ 受问卷设计所限，流动人口的户籍地信息只能细化到省级层面。

落户门槛较低的城市更容易吸引人口流入。因此，我们借鉴户籍地省会城市的落户门槛指数作为衡量户籍地落户难度的指标（吴开亚等，2010）。

在个体层面，性别、年龄、婚姻状况、受教育程度（Thissen et al., 2010；Yang et al., 2018；侯慧丽，2018）等变量对居留意愿的影响在已有研究中被证实。因此，流动人口的年龄、性别、受教育程度、婚姻状况和户籍身份将作为控制变量纳入模型，变量的描述统计见表4.8。

表 4.8 流动人口居留意愿影响因素的描述性统计

	变量	样本量	均值（标准差）或比例
居留意愿	留京意愿	10104	63.14%
	离京意愿	2003	12.52%
	不确定性居留意愿	3896	24.35%
产业疏解政策	行业分布		
	高新行业	3534	22.08%
	传统行业	12469	77.92%
市场调节机制	收入差距（万元）	16003	4.18（3.98）
调查时间	2012年	4470	27.93%
	2014年	7033	43.95%
	2017年	4500	28.12%
家庭流动行为	带眷系数	16003	0.644（0.865）
流动特征	流动时间（年）	16003	6.139（5.825）
	流迁距离（100千米）	16003	6.816（4.325）
	户籍地落户门槛	16003	1.160（0.604）
人口学特征	代际		
	1990世代	242	1.51%
	1980世代	1874	11.71%
	1970世代	4442	27.76%
	1960世代	7034	43.95%
	1950世代	2411	15.07%
	性别		
	女性	6909	43.17%
	男性	9094	56.83%

续表

变量		样本量	均值（标准差）或比例
人口学特征	受教育程度		
	小学及以下	1175	7.34%
	初中、高中	9700	60.61%
	大专、本科及以上	5128	32.04%
	流动身份		
	城—城流动	4750	29.68%
	乡—城流动	11253	70.32%
	婚姻		
	不在婚	3267	20.41%
	在婚	12736	79.59%

注：变量-列括号内为单位。

4. 分析结果

（1）流动人口不确定性居留意愿的变动特征

2012—2017年，北京流动人口的留京意愿大幅度下降，不确定性居留意愿和离京意愿明显增长（见表4.9）。以2014年出台的《新增产业的禁止和限制目录》作为非首都功能疏解过程中产业疏解政策实施的标志，将2012年视为产业疏解政策执行前，而将2014年和2017年视为产业疏解政策执行后，与2012年相比，2014年和2017年流动人口的不确定性居留意愿均有所提高，意味着更多的流动人口形成了不确定性居留意愿，也可能是由于部分流动人口由留京意愿或离京意愿转变为不确定性居留意愿。对于后一种情形，由于缺少追踪调查数据，我们无从得知三种意愿之间精确的转换率，但是从不同时期的调查结果可以看到，流动人口的不确定性居留意愿随时间呈现上升趋势。

表4.9 不同时期北京流动人口的居留意愿

调查年份	留京意愿		离京意愿		不确定性居留意愿	
	规模/人	比例/%	规模/人	比例/%	规模/人	比例/%
2012年	3299	73.80	446	9.98	725	16.22

续表

调查年份	留京意愿		离京意愿		不确定性居留意愿	
	规模/人	比例/%	规模/人	比例/%	规模/人	比例/%
2014年	4307	61.24	818	11.63	1908	27.13
2017年	2498	55.51	739	16.42	1263	28.07

数据来源：中国流动人口动态监测调查（CMDS）数据2012年、2014年、2017年在北京的调查样本，如无特殊说明，本章以下图表的数据来源相同。统计检验显示，$\chi^2=377.5$，$P<0.001$，说明北京流动人口各年份的居留意愿存在显著差异。

（2）流动人口不同群体居留意愿的变动特征

第一，城—城流动人口的留京意愿强，而乡—城流动人口的不确定性居留意愿明显提升。按照流动人口的户籍身份将其划分为乡—城流动和城—城流动，发现乡—城流动人口的居留意愿表现出更强的不确定性，城—城流动人口的留京意愿则明显强于乡—城流动人口。图4.2显示，与2012年相比，2014年城—城流动人口的留京意愿有小幅度下降，之后在2017年略有提升，而乡—城流动人口的留京意愿则逐年下降。城—城和乡—城流动人口的离京意愿均有所提升，但乡—城流动人口的离京意愿上升的幅度更加明显。城—城流动人口的不确定性居留意愿有所波动，先升后降，乡—城流动人口的不确定性居留意愿则在2014年明显上升，到2017年也略有提升，两类人群不确定性居留意愿的差距不断扩大。

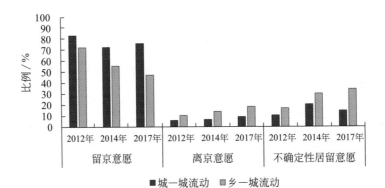

图4.2 不同流动类型流动人口居留意愿的时期变动

第二，受教育程度较低的流动人口的不确定性居留意愿明显提高。大学及以上受教育程度流动人口表现出稳定的留京意愿，小学及以下受教育程度流动人口的不确定性居留意愿提升幅度最为明显（见图4.3）。高等教育程度的流动人口在北京摆脱了劣势地位，其留京意愿不容易受到政策规制等迁移风险的影响。不同受教育程度的流动人口进入城市就业部门的概率有一定的差异，小学及以下受教育程度的流动人口由于其人力资本水平居于劣势，更有可能进入传统行业就业，而大学及以上受教育程度的流动人口则更容易进入有工资优势的高新行业就业。由于两类行业受到不同的政策影响，因而小学及以下受教育程度流动人口的留京意愿下降幅度更多。

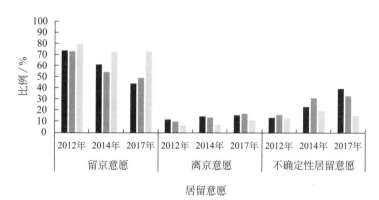

图4.3 不同受教育程度流动人口居留意愿的时期变动

（3）不确定性居留意愿的影响机制

经检验，模型未违反无关选择独立性（IIA）假设[①]，可以应用多元Logit模型分析。如表4.10所示，在传统行业就业的流动人口形成不确定性居留意愿和离京意愿的概率显著提升。北京产业疏解政策的政策对象是高能耗、高污染、高排放企业，而这类企业大多集中于传统行业。因此，在传统行业就业的流动人口更容易形成不确定性居留意愿。

---

① 在删除离京意愿的选择后，模型卡方检验结果为 Chi²(14)=0.12，在删除不确定性居留意愿的选择后，模型的卡方检验结果为 Chi²(14)=6.73。

表 4.10 北京流动人口居留意愿影响因素分析

变量	不确定性居留意愿		离京意愿	
	系数	标准误	系数	标准误
行业（高新行业）				
传统行业	0.284***	0.059	0.311***	0.078
收入差距	−0.065***	0.007	−0.062***	0.009
时期（2012 年）				
2014 年	0.894***	0.053	0.552***	0.066
2017 年	1.434***	0.062	1.377***	0.076
带眷系数	−0.273***	0.028	−0.345***	0.039
流动时间	−0.083***	0.004	−0.110***	0.006
迁移距离	0.011+	0.006	0.031***	0.007
代际（1990 世代）				
1980 世代	−0.217	0.176	−0.334+	0.192
1970 世代	−0.158	0.172	−0.684***	0.189
1960 世代	−0.040	0.171	−0.559*	0.188
1950 世代	0.165	0.177	−0.267	0.196
婚姻（不在婚）				
在婚	−0.371***	0.057	−0.118	0.075
性别（女性）				
男性	0.080+	0.042	0.186**	0.054
受教育程度（小学及以下）				
初中、高中	−0.050	0.081	−0.007	0.099
大学专科及以上	−0.441***	0.099	−0.248*	0.124
户口（非农业）				
农业	0.444***	0.056	0.644***	0.075
户籍地落户门槛	−0.067	0.042	−0.028	0.054
常数项	−1.258***	0.219	−1.852***	0.257

注：因变量的参照类为定居意愿；括号中的变量为参照组；$^+P<0.1$，$^*P<0.05$，$^{**}P<0.01$，$^{***}P<0.001$；样本量为 16003，Log likelihood 统计量为 −12840.952。

除了受到产业疏解政策的冲击，流动人口的居留意愿还受到收入差距的影响。户籍地的人均可支配收入与流入地实际收入的差距每增加 1 万元，不确定性居留意愿会降低 0.065 单位，离京意愿降低 0.062 单位。可见，在市场机制的作用下，区域间收入差距扩大是促进流动人口长期留京的动机。

从时间趋势来看，与 2012 年相比，2014 年和 2017 年流动人口的离京意愿和不确定性居留意愿显著提升，这说明，流动人口的留京意愿具有一定的时期特征，即随着时间推移，留京意愿逐渐减弱。在此期间，产业疏解政策等人口调控政策的实施，使就业机会减少，提高了流动人口失业的风险，离京意愿和不确定性居留意愿的发生概率不断提升。

在控制变量方面，带眷系数与不确定性居留意愿和离京意愿具有显著的负向关系。带眷系数每增加 1 单位，会使流动人口的不确定性居留意愿和离京意愿分别降低 0.273 和 0.345 单位。带眷系数代表着流动人口带动其他家庭成员进入城市和在城市长期居留的能力，非经济活动人口随迁虽然会增加流动家庭在城市生活的经济成本，增加就业家庭成员的抚养负担，但是可以削减家庭成员相互分离带来的心理成本，增强流动人口在城市长期定居的意愿。流动时间与不确定性居留意愿和离京意愿具有显著的负向关系，流动时间每增加 1 年会使不确定性居留意愿降低 0.083 单位，离京意愿则会降低 0.110 单位。依据社会网络理论，随着流动人口在北京的居住时间延长，社会适应能力将使迁移者改变迁移计划，增强永久定居的可能性（Adda et al., 2006），使流动人口由长期居留转化为永久定居（任远，2008）。迁移距离与流动人口的离京意愿和不确定性居留意愿具有显著的正向关系，迁移距离每增加 100 千米，不确定性居留意愿将提升 0.011 单位，而离京意愿将增加 0.031 单位。随着距离的增加，交通成本、心理成本会随之提升，获取迁移信息的难度将增加，而就业机会则会衰减，这些因素会导致迁移风险提高，削弱流动人口的留京意愿。户籍地落户门槛与离京意愿和不确定性居留意愿的关系不显著。

在人口学特征方面，与 1990 世代相比，1960 世代、1970 世代和 1980 世代的流动人口离京意愿会显著降低。这意味着，高年龄组世代的流动人口有较长的留京时间，经济基础相对较好，在城市构建起了社会网络，有助于其提升留京意愿。但是，人口年龄世代与不确定性居留意愿没有显著的统计关系。男性、不在婚、拥有较低的受教育程度，以及农业户籍人口拥有不确定性居留意愿和离京意愿的可能性明显高于参照组。

进一步考察行业与时间的交互效应对不确定性居留意愿的影响，控制变量与表 4.10 的模型一致。分析结果显示（见表 4.11），行业和时期（调查时间）对流动人口的离京意愿和不确定性居留意愿具有显著的正向影响关系，与表 4.10 模型的分析结果一致。而交互效应的分析则显示，与 2012 年在高新行业就业的流动人口相比，2017 年在传统行业就业的流动人口形成不确定性居留意愿的可能性将提高 0.3 单位，风险比提高 1.3 倍。这说明，受到政策规制的影响，在传统行业就业的流动人口形成不确定性居留意愿的可能性有所提升。

表 4.11 不同行业与时间的交互效应

变量	不确定性居留意愿		离京意愿	
	系数	标准误	系数	标准误
行业（高新行业）				
传统行业	0.332*	0.143	0.307+	0.180
时期（2012 年）				
2014 年	0.968***	0.148	0.295	0.199
2017 年	1.118***	0.156	1.314***	0.194
时期（2012 年）× 行业（高新行业）				
2014 年 × 传统行业	−0.175	0.158	0.210	0.210
2017 年 × 传统行业	0.300+	0.167	0.006	0.206

注：因变量的参照类为定居意愿；括号中的变量为参照组；$^+P<0.1$，$^*P<0.05$，$^{**}P<0.01$，$^{***}P<0.001$；样本量为 16003，Log likelihood 统计量为 −12992.976。

（4）不同时期流动人口不确定性居留意愿预测值的比较研究

分别对 2012 年、2014 年和 2017 年的调查数据进行多元 Logit 回归，选择的控制变量与表 4.10 的模型一致。结果显示（见表 4.12），2012 年、2014 年和 2017 年的回归结果十分相似，在传统行业就业与流动人口形成不确定性居留意愿和离京意愿呈显著的正向关系，在传统行业就业流动人口的不确定性居留意愿分别提升 0.498 单位、0.207 单位和 0.234 单位，离京意愿则上升 0.494 单位、0.440 单位和 0.067 单位。而收入差距扩大则与离京意愿和不确定性居留意愿呈现显著的负相关关系。收入差距每增加 1 万元，不确定性居留意愿在 2012 年、2014 年、2017 年分别下降 0.118 单位、0.065 单位和 0.040 单位，离京意愿分别下降 0.097 单位、0.085 单位和 0.035 单位。

表 4.12　不同时期流动人口居留意愿的分析

变量	不确定性居留意愿		离京意愿	
	系数	标准误	系数	标准误
2012 年				
行业（高新行业）				
传统行业	0.498*	0.150	0.494+	0.189
收入差距	-0.118***	0.022	-0.097***	0.027
控制变量	控制		控制	
2014 年				
行业（高新行业）				
传统行业	0.207*	0.083	0.440***	0.126
收入差距	-0.065***	0.010	-0.085***	0.016
控制变量	控制		控制	
2017 年				
行业（高新行业）				
传统行业	0.234*	0.104	0.067+	0.121
收入差距	-0.040***	0.010	-0.035***	0.012
控制变量	控制		控制	

注：因变量的参照类为定居意愿；括号中的变量为参照组；+ $P<0.1$，* $P<0.05$，** $P<0.01$，*** $P<0.001$；2012 年、2014 年、2017 年的样本量分别为 4470、7033、4500，Log likelihood 统计量分别为 -3069.787、-5079.772、-3958.036。

应用条件效应图可以分析近年来市场机制和政策规制对流动人口居留意愿的双重影响。由于不同收入差距情况下流动人口居留意愿的概率预测波动比较剧烈，为了更好地观察其变动趋势，对条件效应图进行了局部多项式修匀（如图 4.4、图 4.5、图 4.6 所示）。实线代表在传统行业就业的流动人口，虚线代表在新兴行业就业的流动人口，横坐标代表 2012 年、2014 年和 2017 年流动人口在户籍地的人均可支配潜在收入与在北京实际收入的差距，纵坐标代表不确定性居留意愿、离京意愿和留京意愿的预测概率值，曲线则描绘了所估测的不同收入差距对应的居留意愿概率变化。横轴"0"值左侧代表户籍地的人均可支配收入高于在流入地的实际收入，右侧代表着在流入地的实际收入高于户籍地的人均可支配收入。

第一，与 2012 年相比，2014 年和 2017 年流动人口不确定性居留意愿和离京意愿的预测曲线整体向上移动，而留京意愿预测曲线则整体向下移动。这表明，随着时间推移，流动人口的不确定性居留意愿和离京意愿有所提升，而留京意愿呈现下降的趋势。

第二，受到产业疏解政策的影响，在传统行业就业的流动人口的不确定性居留意愿和离京意愿明显提升，而留京意愿则有明显下降。与 2012 年相比，2014 年和 2017 年新兴行业和传统行业流动人口的不确定性居留意愿和留京意愿预测曲线的距离不断扩大。

第三，不确定性居留意愿预测曲线和离京意愿的预测曲线呈现反 J 型分布，留京意愿的预测曲线呈现 J 型分布。居留意愿预测曲线在横轴"0"值处形成拐点，原因在于其户籍地人均可支配收入更高的流动人口，与在流入地实际收入更高的流动人口的人口学特征有较大的差异。在户籍地人均可支配收入更高的流动人口以低学历、低收入为主要特征[1]，其平均受教育程度在小学及以下的比例为 11%，平均收入仅为在流入地实际收入更高的流动人口的 67%；而在流入地实际收入更高的流动人口受教育程度在小学及以下的比例仅为 4%。随着户籍地人均可支配收入超过实际收入的幅度增加，流动人口越有可能属于低学历、低收入的弱势群体，即使返回流出地，他们的收入也很难达到流出地的平均收入水平，因此他们宁愿长期留在北京，成为无法离开北京，但又受到政策规制的一批人。因此，随着收入差距增大（户籍地人均可支配收入＞实际收入），流动人口的不确定性居留意愿和离京意愿有所降低，而留京意愿有所提高。

---

[1] 该群体在样本中占比仅为 3%，不影响实证模型中受教育程度较低的流动人口不确定性居留意愿提升的结论。

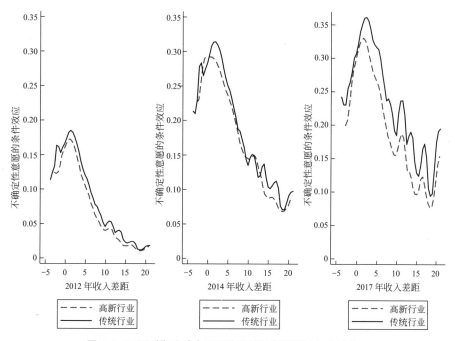

图 4.4　不同时期流动人口不确定性居留意愿的条件效应图

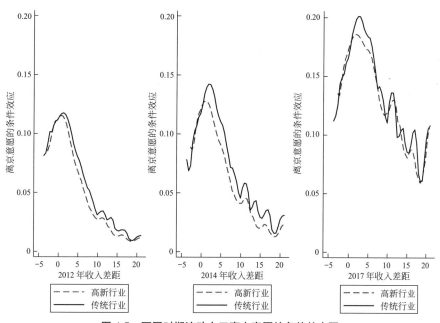

图 4.5　不同时期流动人口离京意愿的条件效应图

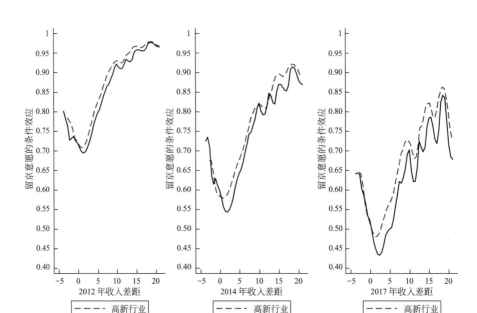

图 4.6 不同时期流动人口留京意愿的条件效应图

第四，居留意愿受到市场机制的影响。随着户籍地人均可支配收入与实际收入的差距增加，留京意愿的预测曲线向上移动，而不确定性居留意愿和离城意愿则随着收入差距的扩大而不断下降。这也意味着，当收入差距极大时，城市的产业疏解政策对于居留意愿的影响作用会受到市场机制的削弱。流动人口不确定性居留意愿曲线的下降速度先快后慢，而离京意愿和留京意愿曲线也有类似的变动趋势。这说明，在收入差距较大时，流动人口的留京意愿呈现出"刚性"，不容易受到其他因素的干扰。

（5）稳健性分析

本研究应用倾向值匹配方法进行稳健性分析。因变量是流动人口的不确定性居留意愿[①]，匹配的协变量包括收入差距、流动时间、带眷系数、迁移距离、户籍地落户门槛以及个体特征。为便于比较，分别对 2012 年和 2017 年传统行业与新兴行业就业的流动人口的不确定性居留意愿进行匹配分析。对干预组和控制组共同区间的检验显示，干预组（传统行业）与控制组（新

---

① 留京意愿编码为 1，离京意愿编码为 2，不确定性居留意愿编码为 3。

兴行业）倾向值得分的共同支持域范围较广，适合选用多种匹配方法（见图4.7、图4.8）。

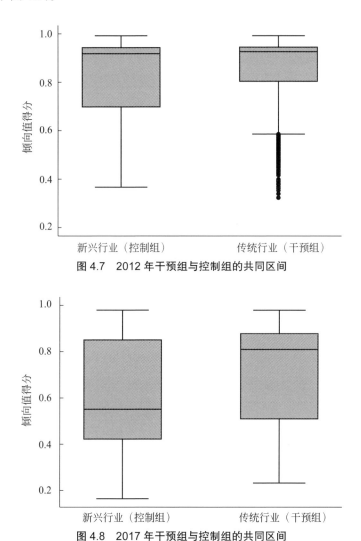

图4.7 2012年干预组与控制组的共同区间

图4.8 2017年干预组与控制组的共同区间

2012年和2017年的数据在倾向值匹配后进行了数据平衡检验，表4.13的结果显示，在不同的匹配方式下，干预组与控制组之间的偏误（Mean Bias，Med Bias）均有大幅度下降。2012年和2017年的数据平衡系数B均小于25，系数R为0.9~1.2，说明数据在配对后达到了平衡。

表 4.13 匹配后数据的平衡检验

匹配方案	是否匹配	2012				2017			
		Mean Bias	Med Bias	B	R	Mean Bias	Med Bias	B	R
最近邻匹配	未匹配	30.7	17.4	115.3*	0.90	38.7	28.9	128.4*	1.06
	匹配	4.7	3.7	21.8	0.98	4.6	4.1	17.2	1.03
卡尺内最近邻匹配	未匹配	30.7	17.4	115.3*	0.90	38.7	28.9	128.4*	1.06
	匹配	3.8	4.1	16.7	1.01	4.6	4.1	17.2	1.03
核匹配	未匹配	30.7	17.4	115.3*	0.90	38.7	28.9	128.4*	1.06
	匹配	6.0	5.4	21.2	1.10	5.2	3.9	17.9	1.06
局部线性回归匹配	未匹配	30.7	17.4	115.3*	0.90	38.7	28.9	128.4*	1.06
	匹配	3.8	4.1	16.7	1.01	4.6	4.1	17.2	1.03
样条匹配	未匹配	30.7	17.4	115.3*	0.90	38.7	28.9	128.4*	1.06
	匹配	4.7	3.7	21.8	0.98	5.7	3.1	21.5	0.94
马氏匹配	未匹配	30.7	17.4	115.3*	0.90	38.7	28.9	128.4*	1.06
	匹配	4.3	3.1	18.7	1.20	6.1	6.8	20.1	1.03

注：*$P<0.05$。

从表 4.14 的匹配结果来看，2012 年和 2017 年多种倾向值匹配方法的 ATT 均在 5% 的水平上显著。数据分析结果显示，2012 年干预组和控制组的不确定性居留意愿有明显差异，传统行业流动人口的不确定性居留意愿比新兴行业的流动人口高 0.169~0.209 单位。2017 年传统行业中流动人口的不确定性居留意愿高于新兴行业流动人口 0.097~0.143 单位。显然，不同时期比较来看，传统行业与新兴行业流动人口的不确定性居留意愿均有显著差异，且在传统行业就业会显著提升流动人口的不确定性居留意愿。

表 4.14 倾向值分析结果

匹配方案	2012 年				2017 年			
	干预组个案数	控制组个案数	ATT	t 检验	干预组个案数	控制组个案数	ATT	t 检验
最近邻匹配	3809	661	0.184	3.95	1200	3300	0.143	2.83
卡尺内匹配	3809	661	0.180	4.37	1200	3300	0.128	2.94

续表

匹配方案	2012 年				2017 年			
	干预组个案数	控制组个案数	ATT	t检验	干预组个案数	控制组个案数	ATT	t检验
核匹配	3809	661	0.181	4.65	1200	3300	0.097	2.38
局部线性回归匹配	3809	661	0.169	4.09	1200	3300	0.106	2.43
样条匹配	—	—	0.178	437	—	—	0.105	2.44
马氏匹配	3809	661	0.209	5.14	1200	3300	0.118	2.54

三、小结

本章第一部分利用多期的 CMDS 数据与宏观统计数据，对京津冀城市群流动人口居留倾向的变动与微观影响机制进行实证分析。研究发现，京津冀协同发展过程中产业协同发展与非首都功能疏解政策使得产业在城市群内部发生调整与重新布局，增加了部分流动人口的就业风险。在 2012—2017 年，京津冀城市群流动人口的离城意愿明显提升，说明城市群流动人口居住倾向的不稳定性有所提升。经验分析结果显示，时期因素对京津冀城市群流动人口的居留倾向产生了负向影响，显著增加了流动人口居住的不稳定性，收入差距扩大会弱化暂居和离城意愿，而城市发展水平则会降低暂居与离城意愿。影响机制分析表明，收入差距增加对暂居、离城意愿的负向影响强于政策实施时期的正向影响，而城市发展水平对于暂居意愿的负向作用弱于政策实施时期的正向影响。这意味着，城市发展水平对流动人口的吸引作用逐渐减弱，而收入差距是提高京津冀城市群流动人口在城市居留意愿以及落户意愿的刚性因素。异质性分析结果表明，自营及其他就业身份以及小学及以下受教育程度的流动人口更容易在政策实施后面临增强的就业风险，从而增加其离开城市的可能。

为了进一步分析在非首都功能疏解政策影响下流动人口的居留意愿，本章第二部分的分析以北京为例，对产业疏解政策背景下流动人口居留意愿的变动与机制进行研究，分析市场机制和政策引导对流动人口居留意愿的影响。研究发现，北京的产业疏解政策作为政策冲击，通过减少就业机会使流动人口面临更多的迁移风险，使其形成不确定性居留意愿，弱化留京意愿。对不同群体的分析则发现，乡—城流动、受教育程度较低的流动者在流动人口中处于弱势地位，其定居决策更容易受到外界因素的干扰和冲击，形成不确定性居留意愿。近年来北京流动人口的不确定性居留意愿和离京意愿明显上升，留京意愿则大幅度下降。与侯慧丽（2018）认为产业疏解政策对居留意愿的影响弱于教育因素作用的结论不同，本研究发现与高新行业就业的流动人口相比，在传统行业就业的流动人口更有可能形成不确定性居留意愿，且随着时间推移，这种影响趋势不断增强，这意味着政策规制使在传统行业就业的流动人口的不确定性居留意愿和离京意愿增强。流动人口的居留意愿除了受到产业疏解政策的影响之外，市场机制对居留意愿的影响也不容忽视。与Huang等（2017）的研究结论有所差异，本研究发现随着收入差距增加，流动人口的不确定性居留意愿和离京意愿逐步降低，而留京意愿则不断增强。而在收入差距达到很高的水平时，留京意愿呈现"刚性"特征，使产业疏解政策对不确定性居留意愿产生的影响受到削弱。北京流动人口的居留意愿除了受到产业结构调整、区域间经济发展水平等因素的影响，还将依据流动距离、时间、带眷系数、代际、性别、受教育程度等个体微观因素进行衡量。

第五章
京津冀协同发展背景下的人口未来态势

京津冀区域内部人口分布极不均衡，北京作为超大城市饱受城市病的困扰，而河北的城镇化水平却低于全国的平均水平，城市发展质量有待提高。为解决上述问题，京津冀协同发展政策自2014年开始实施，以疏解非首都功能为关键环节，整合城市群的要素资源，促进人口、经济、资源环境相协调，使城市群的布局和形态更为优化。在政策实施过程中，随着北京部分产业转移到河北和天津，就业人口将随产业转移并引发不同区域人口集聚格局变动。那么，京津冀协同发展政策是否可以控制北京人口持续增长，又将如何引发天津、河北的人口变动？北京的劳动力外流是否会引发人口结构老化，削弱经济持续增长的动力？如何设计政策方案，才能实现区域人口合理分布、经济发展、生态安全的协同发展？

为回答上述问题，本研究运用系统建模的方法分析在京津冀协同发展的背景下由于流动人口集聚态势变化而引发的不同区域的人口规模与结构变动，评价如何优化政策方案以实现京津冀人口合理布局和均衡发展。本研究的研究结果可以在可持续发展的目标下，为进一步优化区域协同发展规划提供科学依据。

一、文献综述

京津冀作为国家经济增长和人口集聚的重要载体，该区域的人口未来增长态势受到诸多研究的关注。相关研究的预测结果显示，京津冀的人口规模会保持一段时期的增长，到2050年前后达到1.3亿~1.5亿人，到2110年下降为1.1亿人（刘小茜等，2017；魏丽莹，2018）。分区域的人口预测结果表明，北京到2030年将增长到2542万人（王若丞等，2018），也有研究认为北京、河北的人口规模在2040年前后开始下降，而天津的人口规模则在2070年前后开始下降（魏丽莹，2018）。对河北省的城市也散见一些人口预测研究（王殿茹等，2009；吴素霞等，2005），有研究发现雄安新区将成为人口的增长点，2033年和2050年人口总量将分别超过600万人和1200万人（梁林等，2019a）。对流动人口预测的研究结果差别较大，根据京津冀地区的经济发展水平对劳动力需求进行预测，流动人口规模到2025年约为1000万~3000万人（梁昊光等，2014）。北京、天津未来仍是人口净迁入主导型城市，河北仍将是人口净迁出地区（邓羽等，2014；龙晓君等，2018；王开泳等，2016）。区域通过离散力和集聚力（Henderson et al.，2000；Marshall，2004），以及公共服务等多种因素（Tiebout et al.，1956；夏怡然等，2015）影响人口机械增长，因此对区域或城市进行人口预测属于研究中的难点问题（李强等，2015），预测结果容易存在较大的偏误。对人口年龄结构的预测则已达成共识，即认为京津冀地区人口老龄化水平将持续加深。生育政策的调整虽然使少年儿童规模有所增加，但不会从根本上改变年龄结构老化的态势。北京、天津、河北甚至可能出现劳动力供不应求的现象（周祝平，2007），老年抚养比则不断攀升，到2050年北京、天津的老年抚养比将超过50%（杜鹏，1999；马小红等，2004；张霞等，2002），河北则将超过40%（魏丽莹，2018）。

人口增长不仅受人口系统中生育和死亡水平的影响，还受人口系统以外的其他因素，如劳动力市场调节、资源环境约束、社会政策等因素的综合作用。京津冀协同发展政策是协调区域内部不同城市人口增长与分布的典型政策，以非首都功能疏解为核心，促进产业从北京向天津和河北的部分城市转移，这一过程将影响人口的机械增长，并使京津冀的人口分布格局发生变动。政策实施过程中，北京的制造业、建筑业、住宿餐饮业等行业被列为限制继续扩张的行业，此行业中就业的流动人口占城市总流动人口的50%以上[①]。一些研究分析了协同发展政策对京津冀人口增长的影响（陈功等，2015；刘小茜等，2017；王若丞等，2018）。研究认为，依据城市群发展的规划目标和经济发展趋势，到2020年北京应疏解450万人（王金营等，2018），天津、河北可新增容纳250万人和300万人（冯虹，2017）。政策实施还会间接影响城市的人口年龄结构，北京的劳动力外流会加速人口老龄化的趋势，还可能对经济增长带来不利影响，而承接产业的城市则将随着劳动力流入而减缓人口老龄化的速度。总的来说，分析政策实施背景下京津冀城市群人口发展变动的研究还比较少，有待进一步研究。

目前，对京津冀人口的预测大多使用了队列要素法，该方法基于人口的分年龄性别数据，对未来的生育、死亡、迁移等参数进行方案假设和参数设定，将参数设定为高、中、低方案进行人口预测（Heilig et al., 2010）。根据不同参数方案可能出现的人口变动趋势，可以对生育等人口政策进行调整以实现合理的人口增长目标。但是，队列要素法对数据质量的要求较高，无法判断高、中、低方案的实际发生概率（Raftery et al., 2013）。一旦人口增长趋势不符合研究者设计的情境，那么人口预测结果的误差将会增加，偏离于实际数值。除了队列要素法以外，Logistic模型（谢天怡等，2015）、Leslie模型（任强等，2006）、人口—发展—环境模型（PDE模型）（罗雅楠等，2016；孟令国等，2014）等方法也常被应用于人口预测。总的来看，队列要素预测等人口预测方法很难评价人口系统以外的社会经济因素对人口增长产生的影响，也无法准确评估某一政策的实施对人口增长产生的潜在影响。京津冀的人口、资源环境、经济等要素相互作用、相互关联，构成了复杂系统，京津冀协同发展政策作为政策干预变量，将与系统内部的各要素产生联系，进而影响人口增长态势，使用队列要素预测等人口预测方法显然并不适合。系统动力学方法可以分析政策与系统内各个变量响应之间的反馈关系，模拟政策效应（Costanza et al., 1998；Li et al., 2013），与队列要素预测法等常用

[①] 根据2018年中国流动人口动态监测调查的数据分析计算。

的人口预测方法相比具有优势。

系统动力学（System Dynamics）是系统科学的分支，由美国麻省理工学院的Forest于20世纪60年代创立。该方法可以筛选影响系统的主要因素，描述并构建系统内部各种因素的复杂关系，处理系统中反馈的动态过程，预测不同"假设"情景（政策方案）下的复杂系统变化，获得各种政策方案的模拟结果，为社会政策提供有价值的结论（Mohapatra et al., 1994）。在过去几十年的研究中，系统动力学方法为可持续发展研究提供了技术工具，可以分析人口与经济、资源环境等复杂社会系统之间的关系（Nabavi et al., 2016），在可持续发展领域的相关文献中有较多的应用（Gu et al., 2017; Liu et al., 2019; Sun et al., 2017; Wan et al., 2017）。本章将应用系统动力学方法厘清京津冀协同发展过程中系统内要素之间的反馈过程，分析未来的人口规模与结构的变动趋势。

系统动力学模型的建立需要纳入诸多人口、社会经济和资源环境参数，如何对参数区间进行准确识别影响着模拟结果的可信度。笔者在建模时对于参数区间的识别，综合考虑了参数数值的历史增长趋势，并依据历史数据进行趋势外推以确定参数未来的增长率；此外，依据相关文献资料，或根据政策判断参数未来的运行趋势，对参数设定合理区间。将系统动力学模拟的结果与历史数据进行比较，通过多次调试参数进行模型校正，当模拟结果与历史数据之间的误差小于经验阈值时，证明模型能够稳定模拟人口增长。模型所涉及参数的数据来源于2010—2020年历年的《北京统计年鉴》《天津统计年鉴》《河北经济年鉴》，第六次和第七次全国人口普查资料，以及各地区的水资源公报等政府部门的公开统计数据。

二、模型构建与政策方案

1. 系统分析框架

本研究将京津冀人口增长的系统动力学模型分为人口、经济、资源环境三个子系统。人口、经济与资源环境子系统之间既存在密切的内在联系，又存在相互制约关系。具体而言，人口子系统不仅为经济子系统中维系经济增长动力提供了一定数量和质量的劳动力，还可以通过人类掌握的科学技术促进经济质量提高，但是人口的过快增长也会相应增加劳动力供给，为经济子系统带来就业压力，制约经济发展；人口生存依赖于资源环境子系统提供的物质基础，人类生活方式以及人口就业结构的变动会影响资源环境子系统的运行，人类科学技术进步也可以提高资源利用效率而减少资源环境压力，但是人口过度集聚也将引发资源耗竭和环境恶化。经济子系统为人口子系统提供了商品与服务，同时也形成了劳动力需求，通过吸引外来劳动力流入而影响区域人口规模与结构的变动；经济子系统也同样依赖于资源环境子系统提供的物质和能量而运行，经济活动的生产方式和生产效率也影响着资源利用水平和环境容量。资源环境子系统为人口增长和经济发展提供了物质基础和自然条件，也因资源的可耗竭性和环境污染而对人口和经济子系统形成制约条件。

（1）人口子系统

区域人口规模变动可以分为人口自然变动和人口机械变动。影响人口规模变动的因素有很多，其中人口自然变动受到总和生育率、死亡率、平均预期寿命、净迁移人口等因素的影响，人口机械变动则受到城市的社会经济发展水平、就业机会、资源环境承载力，以及各类社会政策的影响，两者存在相互耦合的机制。人口子系统与经济子系统之间通过劳动力供需关系相互影响，其中，劳动力的供给受到劳动力资源和劳动参与率的共同影响，当人口规模增加时，劳动力供给会随之增加，使得劳动力供给与需求的差异减少，这意味着可以为外来劳动力提供的就业机会有限，使得流动人口规模下降，进而抑制总人口增长。当以劳动年龄人口为主体的流动人口进入城市，会使常住人口年龄结构年轻化；反之，劳动年龄人口减少，人口抚养比提高。基于以上分析，我们在模型的人口子系统部分选择了总和生育率、死亡率、平均预期寿命、人口净迁移率等参数进行分析。

（2）经济子系统

经济增长促进产业集聚并为本地劳动力市场创造就业机会，增加劳动力需求，当本地劳动力供给无法满足劳动力需求时，外来劳动力会流入城市填补就业缺口。经济增长又可以提供资金引进技术，在这一过程中，人工智能或各类高精尖技术的应用促使劳动生产率提升，降低各产业对劳动力的需求，进而减少潜在外来劳动力进入城市，抑制总人口增长。我们选择第一产业、第二产业和第三产业劳动生产率的变动来反映技术进步情况；选择地区生产总值、GDP 增长率来反映城市经济发展水平；由于调整产业结构可以促进区域产业升级和优化，也会影响劳动力市场的供需关系，因此选择第一产业、第二产业和第三产业的产值和比重来反映城市的产业结构。

（3）资源环境子系统

区域的人口增长受到人口承载力的制约，水、土地等资源，以及环境和生态系统可以作为评价区域人口增长的约束条件。水资源在区域发展中居于基础性地位，为人口和经济子系统提供维持生存和发展的资源。但是，随着城市化进程与社会经济发展，区域的水资源消耗不断加剧，使水资源成为制约京津冀地区可持续发展的关键约束性资源。目前京津冀的多年平均水资源总量为 257.59 亿立方米，低于联合国 1993 年提出的严重缺水标准（人均水资源量 300 立方米），尽管为缓解水资源供应不足的问题，京津冀地区自 2002 年起接受南水北调工程从长江、淮河、黄河、海河等流域的供水，但是仍然面对区域水资源短缺的压力，地下水严重超载、沉降区持续扩大、河流的自净能力显著降低等问题凸显（杨开忠，2015）。本研究选择多年平均地表水资源总量、多年平均地下水资源总量、工业用水量、生态用水量、农业用水量、三次产业的单位 GDP 水耗、南水北调水量、再生水量、应急供水量以及人均生活用水量等参数进行模拟。

2. 政策方案设置

围绕京津冀协同发展政策，本研究模拟不同政策方案下京津冀人口增长的态势。京津冀协同发展政策以疏解非首都功能为战略核心，因此根据北京疏解产业的产值占地区生产总值的比例可以设计为高方案、中方案及低方案。具体而言，高方案、中方案及低方案情形下北京向周边区域疏解产值占当年地区生产总值的比例不同，分别为较低比例、中等比例和较高比例。非首都功能疏解政策的实施过程中，《北京市新增产业的禁止和限制目录（2018年版）》规定部分限制类行业向周边辐射转移，在此类政策限制类行业中就业的劳动力将分流，部分劳动力将通过提升职业技能或更换职业转移到非限制类行业，部分劳动力随产业转移到周边城市，其余则可能因无法获得就业机会而离开城市。

除高中低方案外，本研究还设计了技术进步方案。技术进步可以提高企业的劳动生产率，降低不同行业对劳动力的需求，而部分无法提高技能的劳动力在劳动力市场竞争中将处于劣势，会因就业机会减少而离开城市。通过该方案分析当北京、天津及河北的技术水平大幅度提升时对人口规模与结构的影响。

3. 因果回路图、参数方案与数据来源

本研究通过因果回路图（Causal Loop Diagram）展现人口增长过程。因果回路图汇总五个反馈回路，包括一个强化人口增长的正反馈回路和四个抑制人口增长的负反馈回路（见图5.1）。下面分别描述各个反馈回路的反馈过程。

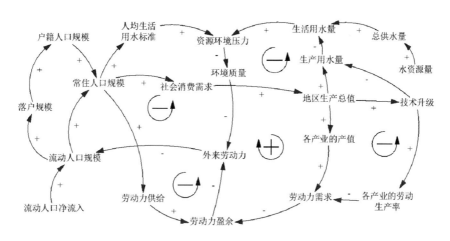

图 5.1　因果回路图

第一，正反馈回路。在居民收入和消费水平一定的条件下，人口数量与市场规模正相关，即在正反馈回路中表现为常住人口规模增加会提高社会消费需求。宏观经济学的研究表明，投资、消费与净出口是拉动经济增长的三驾马车，消费不仅可以通过导向作用和拉动作用直接促进经济增长，还可以通过结构效应影响经济增长，这在正反馈回路中表现为，社会消费需求可以促进地区生产总值提升。在特定产业结构和劳动生产率的条件下，经济总量增长意味着三大产业产值增加，各产业对劳动力的需求随之增加。根据托达罗模型，农村劳动力进入城市的决策受到就业概率的影响，当劳动力需求扩张时会释放就业机会，吸引外来劳动力进入城市，这将增加城市的常住人口规模。

第二，负反馈回路。（1）常住人口规模增加会提升资源消耗水平，加剧资源环境压力。根据推拉理论，资源耗竭、环境恶化会使城市对人口的"推"力增强，促使人口离开城市或减少人口流入，从而使常住人口规模下降。（2）如前所述，常住人口规模增加可以刺激社会消费需求，进而提高地区生产总值。经济增长可以在供给层面增加有关技术的资本投入，也可以增加对研发技术的需求从而促进技术进步。技术进步通过知识溢出、科学研究与试验发展（Research and Development，R&D）活动等提高劳动生产率，进而减少单位产值的劳动力需求。在市场机制的作用下，劳动需求下降将减少就业机会，人口迁移决策会受到就业概率下降的影响，使得流动人口规模减少甚至出现人口外流，使常住人口规模减少。（3）常住人口规模增加可以刺激社会消费需求，提高地区生产总值，此时在单位产值生产用水量一定的情况下，生产用水量会随地区生产总值提高而增加。然而，受自然条件和水资源开发利用的限制，在总供水量约束下，生产用水量增加会减少居民生活用水量。当常住人口规模不断接近水资源承载力的上限时，会引发资源耗竭、生态环境恶化，使流动人口规模减少甚至促使人口向外流动，最终使常住人口规模下降。（4）在劳动参与率稳定的情况下，常住人口规模增加可以提高劳动力供给，当劳动力供给大于需求时将发生劳动力盈余。在市场机制调节下，劳动力需求不足会使就业机会减少，流入城市的人口规模会随之下降，甚至促使人口向外流动，最终使常住人口规模下降。

对不同方案下的参数依次赋值（见表 5.1）。依据历史数据趋势以及不同的政策方案可能带来的影响，推断变量未来的增长率或对变量设定合理区间。模型模拟的初始年份为 2010 年，模拟的时间为 2010—2050 年。

表 5.1　系统动力学模型的方案设置

省／直辖市	高方案
北京[①]	疏解产业的产值规模为 0。
天津[②]	未承接疏解人口。

[①] 除了表 5.1 方案设置中提及的指标外，北京的其他参数设置如下：（1）GDP 增长率到 2050 年下降为 5%。第一、第二和第三产业劳动生产率分别以年均 4.6%、7.5% 和 7.5% 的速度增长至 2030 年，之后分别以 3.8%、6% 和 6.5% 的速度增长至 2050 年。（2）至 2050 年，户籍人口的总和生育率（Total Fertility Rate，TFR）为 1.2，出生预期寿命为 86 岁；流动人口中的外来劳动年龄人口比例为 80%，外来少儿人口比例下降为 6%；新增流动人口逐步下降为 2050 年的 5 万人，劳动参与率逐步下降为 73%，净迁入人口下降为 4.5 万人，0~14 岁净迁移比增加为 15%，15~64 岁净迁移比下降为 65%，65 岁及以上净迁移比增加为 20%。（3）第一和第二产业万元 GDP 水耗分别以年均 0.06% 和 0.04% 下降至 2050 年，第三产业万元 GDP 水耗以年均 0.06% 下降至 2030 年，之后以年均 0.04% 下降至 2050 年；环境用水量 2030 年为 15 亿立方米，之后保持不变。再生水量 2050 年增长为 20 亿立方米，南水北调水量 2050 年增长为 20 亿立方米。

[②] 天津的其他参数设置如下：（1）GDP 增长率到 2030 年下降为 4.5%，到 2050 年下降为 3.5%。第一、第二和第三产业劳动生产率以年均 4.5%、7% 和 6% 的速度增长至 2030 年，之后以年均 5.9%、5.6% 和 3% 的速度增长至 2050 年。（2）至 2050 年常住人口的 TFR 为 1.1，出生预期寿命为 84 岁；新增流动人口逐步下降为 2050 年的 2 万人，劳动参与率下降为 72.15%，0~14 岁人口净流动比增加为 2.7%，15~64 岁人口净流动比下降为 82.5%。（3）农业用水量和工业用水量分别以年均 1.8% 和 0.5% 的速度下降至 2030 年，之后以年均 1% 和 0.2% 的速度下降至 2050 年；生态用水量和其他供水量分别以年均 3.5% 和 3% 的速度增长至 2030 年，之后以年均 1.5% 和 2% 的速度增长至 2050 年。

续表

省/直辖市	高方案
河北①	未承接疏解人口。

	中方案
北京	2014年开始实施非首都功能疏解政策，2020—2030年疏解产业的产值占当年地方生产总值的比例为5%，到2050年为1%。第一、第二、第三产业的疏解产值占总疏解产值的比例分别为7%、30%、63%。
天津	疏解劳动力转移系数为0.1，即10%的北京疏解劳动力跟随产业转移到天津。
河北	疏解劳动力转移系数为0.6，即60%的北京疏解劳动力跟随产业转移到河北。

	低方案
北京	2014年开始实施非首都功能疏解政策，2020—2030年疏解产业的产值占当年地方生产总值的比例为10%，到2050年为3%。第一、第二、第三产业的疏解产值占总疏解产值的比例分别为7%、30%、63%。
天津	疏解劳动力转移系数为0.1。
河北	疏解劳动力转移系数为0.6。

	技术进步方案
北京	2014年开始实施非首都功能疏解政策，2020—2030年疏解产业的产值占当年地方生产总值的比例为5%，到2050年为1%。第一、第二、第三产业的疏解产值占总疏解产值的比例分别为7%、30%、63%。第一、第二和第三产业劳动生产率分别以年均6%、8%和8%的速度增长到2030年，之后以5%、6.2%和6.7%的速度增长至2050年。
天津	疏解劳动力转移系数为0.1。第一、第二和第三产业劳动生产率分别以年均7.5%、7%和9.4%的速度增长至2030年，之后以6.5%、6.5%和6.3%的速度增长至2050年。
河北	疏解劳动力转移系数为0.6。第一、第二和第三产业劳动生产率分别以年均4%、4.5%和7%的速度增长至2030年，之后以3.5%、5%和5.5%的速度增长至2050年。

---

① 河北的其他参数设置如下：(1) GDP增长率到2050年下降为4.07%。第一、第二和第三产业劳动生产率分别以年均3.8%、4.3%和6.8%的速度增长至2030年，之后分别以3.3%、4.5%和5%的速度增长至2050年。(2) 常住人口2050年TFR为1.3，出生预期寿命为80岁，劳动参与率从2018年的74.9%下降为2050年的72%；至2050年，0~14岁净流入比增加为2.9%，65岁及以上净迁移比下降为12%。(3) 农业用水量和工业用水量分别以1.5%和1.5%的速度下降至2030年，之后以1.2%和1%的速度下降至2050年；生态用水量和其他供水分别以4%和3%的速度增长至2030年，之后以2.5%和2%的速度增长至2050年。

三、人口增长的系统动力学模拟

1. 构建系统流程图

根据因果回路图构建京津冀人口增长的系统动力学模型，模拟了京津冀人口规模与人口年龄结构在不同政策方案影响下的变化趋势，共包括261个方程。构建的系统流程图如图5.2所示。

2. 模型有效性检验

模型的模拟结果与实际数据的误差在合理范围内是系统动力学模型能够稳定模拟人口增长的重要依据，也是在模型构建过程中进行参数调试的重要标准。对2010—2020年中方案主要变量的模拟值进行误差检验，验证模型的有效性（见表5.2）。结果显示，北京、天津和河北常住人口规模的模拟值与实际值的误差分别低于2.2%、2.1%和1.2%。参考以往研究（Zhang et al., 2009），模型主要变量的误差均处于可接受范围内，系统动力学模型的估计效果较好。

表5.2 人口规模拟合的历史回顾检验结果　　　　单位：万人

年份	北京			天津			河北		
	常住人口拟合值	常住人口	误差	常住人口拟合值	常住人口	误差	常住人口拟合值	常住人口	误差
2010	1962.90	1962	0.000	1299.29	1299	0.000	7194.00	7194	0.000
2011	2033.18	2024	0.005	1332.32	1341	−0.006	7217.79	7232	−0.002
2012	2088.38	2078	0.005	1358.78	1378	−0.014	7270.69	7262	0.001
2013	2137.78	2125	0.006	1379.85	1410	−0.021	7327.17	7288	0.005
2014	2198.72	2171	0.013	1398.6	1429	−0.021	7353.60	7323	0.004
2015	2235.54	2188	0.022	1411.81	1439	−0.019	7406.60	7345	0.008
2016	2236.33	2195	0.019	1414.34	1443	−0.020	7462.06	7375	0.012
2017	2215.77	2194	0.010	1408.72	1410	−0.001	7492.35	7409	0.011
2018	2193.44	2192	0.001	1399.25	1383	0.012	7506.53	7426	0.011
2019	2173.03	2190	−0.008	1402.34	1385	0.013	7521.52	7447	0.010
2020	2150.84	2189	−0.017	1402.45	1387	0.011	7533.38	7464	0.009

图 5.2 京津冀人口增长的系统流程图

第五章 京津冀协同发展背景下的人口未来态势

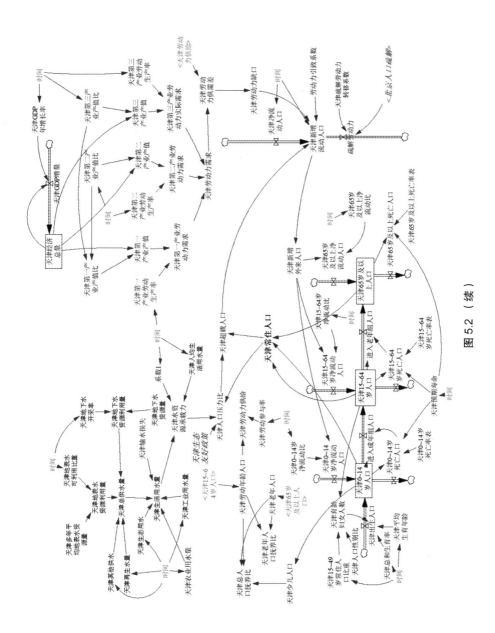

图 5.2（续）

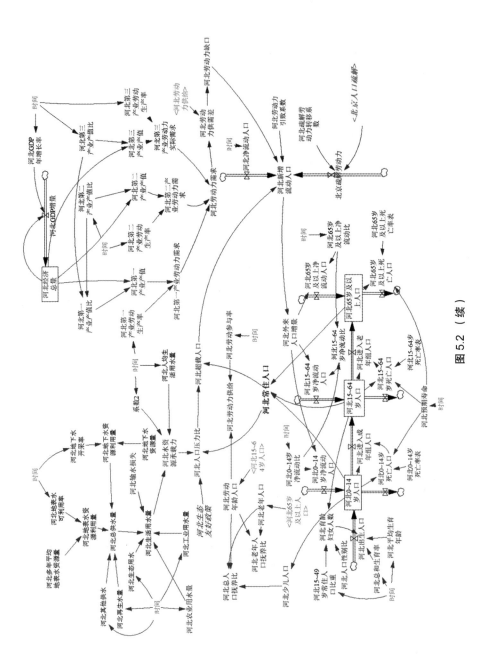

图 5.2（续）

3. 结果分析

（1）人口规模的模拟值

系统动力学模拟了北京、天津与河北人口规模的增长趋势，结果显示，不同政策方案的实施将使常住人口规模增长趋势呈现明显的差异。

北京高中低方案的模拟结果（见表5.3、图5.3）显示，到2050年常住人口规模将分别下降为2020年实际常住人口规模的91.4%、89.4%和85.8%。显然，部分行业疏解到周边区域使北京对外来劳动力的就业需求下降，且由于疏解行业以流动人口占比较大的从业行业为主，那么这部分流动人口随产业转移会降低北京的常住人口规模，且疏解产值占GDP的比例越高，流动人口向外流动的规模越高。如技术进步方案所示，技术进步和产业集聚的规模效应可以加速提升三大产业的劳动生产率，进一步降低各产业对劳动力的需求，无法获取就业岗位的流动人口会离开北京，使北京未来的人口规模持续降低。

表5.3和图5.4显示，天津高中低方案的常住人口规模在2050年将分别达到1164万人、1153万人和1146万人。高方案和中方案情形下，天津由于承接了部分随产业从北京转移到天津的劳动力，常住人口规模随之上升。技术进步方案情形下，技术快速进步可以提高劳动力盈余，而盈余的劳动力将流出天津，使该方案天津的常住人口规模最低，到2050年将下降为1114万人。

河北的常住人口规模将先增后降（见表5.3、图5.5），到2050年河北常住人口规模高中低方案的模拟值均达到6800万人以上。与北京和天津类似，技术进步方案下河北的劳动力需求规模最低，常住人口规模下降为6429万人。

表5.3 人口规模的系统动力学模拟结果　　　　　单位：万人

北京	2010年	2020年	2030年	2040年	2050年
方案一（高方案）	1963	2275	2238	2106	2000
方案二（中方案）	1962	2151	2085	2001	1956
方案三（低方案）	1962	2027	1932	1880	1879
方案四（技术进步方案）	1962	2151	1998	1850	1816

续表

天津					
方案一（高方案）	1299	1407	1343	1275	1164
方案二（中方案）	1299	1402	1342	1272	1153
方案三（低方案）	1299	1398	1342	1271	1146
方案四（技术进步方案）	1299	1402	1326	1231	1114
河北					
方案一（高方案）	7194	7505	7440	7107	6886
方案二（中方案）	7194	7533	7442	7100	6877
方案三（低方案）	7194	7562	7444	7096	6870
方案四（技术进步方案）	7194	7533	7321	6905	6429

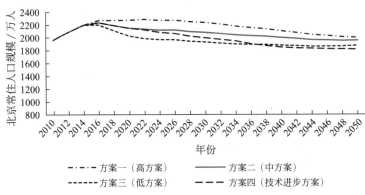

图 5.3 北京常住人口规模的模拟结果

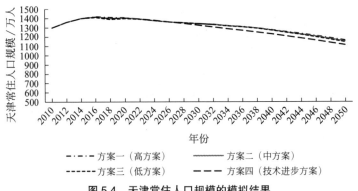

图 5.4 天津常住人口规模的模拟结果

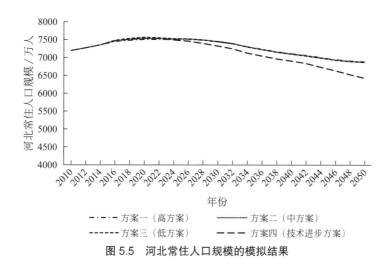

图 5.5 河北常住人口规模的模拟结果

（2）人口年龄结构的模拟值

表 5.4 的模拟结果显示，北京、天津与河北的人口年龄结构在未来将更加老化，其中，北京、天津、河北在技术进步方案下的人口老化程度最高，原因在于技术进步会加速人口流出，使人口年龄结构的老化速度加快。

北京的高方案显示，如果不实施任何政策规制人口增长，该方案下北京人口年龄结构最为年轻。中方案和低方案假设北京向周边区域转移的产值规模会增加，由于随产业转移而离开北京的人口以劳动年龄人口为主，因此中方案和低方案的人口年龄结构更加老化。

天津与河北的中方案和低方案显示，由于未来城市将实施更为宽松的户籍管理政策，从北京流入天津和河北的一部分劳动力人口在进入老龄期后将在流入地长期居住，这部分劳动力将增加未来的老年人口规模，使远期的人口老龄化水平提升，且转移产值规模越高，天津与河北的人口年龄结构越老化。与北京类似，技术进步方案情形下，天津与河北的人口老龄化水平也居于高位。

表 5.4　老年抚养比的模拟结果

北京	2010 年	2020 年	2030 年	2040 年	2050 年
方案一（高方案）	0.113	0.192	0.258	0.305	0.326
方案二（中方案）	0.113	0.203	0.278	0.322	0.334
方案三（低方案）	0.113	0.216	0.302	0.344	0.347
方案四（技术进步方案）	0.113	0.203	0.291	0.350	0.359
天津					
方案一（高方案）	0.104	0.179	0.252	0.309	0.361
方案二（中方案）	0.104	0.179	0.252	0.309	0.364
方案三（低方案）	0.104	0.179	0.251	0.309	0.365
方案四（技术进步方案）	0.104	0.179	0.256	0.316	0.365
河北					
方案一（高方案）	0.110	0.184	0.244	0.311	0.382
方案二（中方案）	0.110	0.184	0.244	0.311	0.383
方案三（低方案）	0.110	0.184	0.244	0.312	0.383
方案四（技术进步方案）	0.110	0.184	0.247	0.317	0.405

（3）京津冀人口规模与结构的模拟结果比较

图 5.6 和图 5.7 分别展示了京津冀作为整体的常住人口规模和老年抚养比的模拟结果。京津冀常住人口规模呈现先增后降的趋势，高方案情形下的常住人口规模最高，到 2050 年达到 10050 万人，人口老龄化水平在各方案中处于低位。中方案和低方案意味着当年的疏解产值占地区生产总值的比例达到中等或较高水平，此时常住人口规模的下降速度较快，在 2050 年分别达到 9986 万人和 9895 万人。技术进步方案情形下，技术进步、产业转移与政策的共同作用可以有效减少对劳动力的需求，该方案下京津冀常住人口的模拟值最低，在 2050 年达到 9359 万人。但是，受劳动力人口规模下降的影响，技术进步方案中人口年龄结构的老化水平明显提高，可能带来潜在经济发展动力不足的风险。

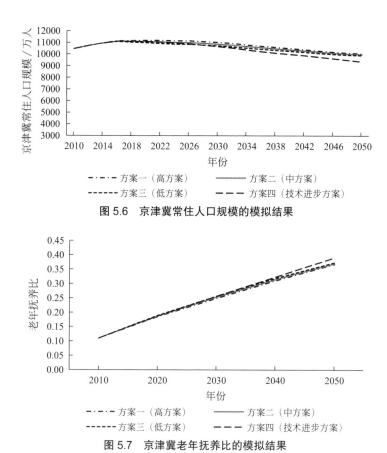

图 5.6 京津冀常住人口规模的模拟结果

图 5.7 京津冀老年抚养比的模拟结果

四、灵敏度检验

灵敏度检验用于对系统动力学模型的稳健性进行检验。本研究所应用的灵敏度检验采用蒙特卡罗抽样方法，在 18 个常量的概率分布中选取随机数进行 200 次的模拟计算，输出目标变量的数值范围和置信区间，常量取值的变化范围为 −1%~1%。与其他常量相比，北京、天津与河北的人口性别比，以及天津与河北的疏解劳动力转移系数的灵敏度较高，即这 5 个常量的数值变动会引起北京、天津与河北常住人口总量更为明显的变化。对 5 个常量进行联合灵敏度检验，输出常住人口规模的数值范围和置信区间，如图 5.8 所示。北京、天津与河北常住人口规模的变化趋势与中方案的模拟结果相似，且图形没有明显的波动或振荡，说明本研究构建的京津冀人口增长的系统动力学模型是稳健的。

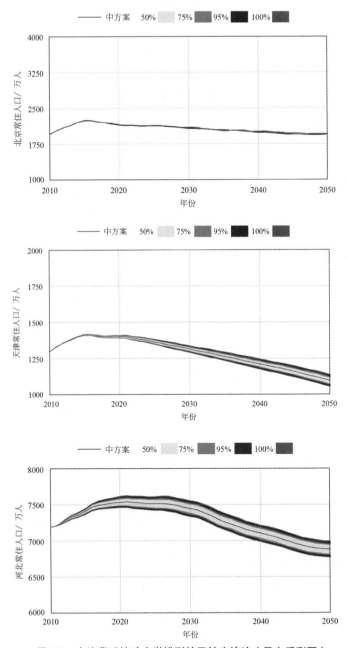

图 5.8　京津冀系统动力学模型的灵敏度检验（见文后彩图）

五、小结

本章利用系统动力学模型对2010—2050年京津冀的常住人口规模与人口年龄结构进行模拟,评价京津冀协同发展背景下不同的政策方案可能对人口增长带来的影响。结果显示,不同方案下京津冀常住人口规模和人口年龄结构的变化趋势呈现一定的差异。

第一,京津冀协同发展政策可以促进区域内人口合理布局。通过产业转移引导劳动力从北京向周边城市流动,可以放缓人口增长,缓解城市的资源承载压力。部分劳动力随产业转移至天津和河北,可以增加承接地的劳动力供给,有利于通过劳动力增加集聚促进经济增长。

第二,京津冀未来的人口老化程度将明显提升,且不同区域的人口老龄化速度受到政策实施效果的影响。对北京而言,有效控制人口增长的政策方案会加速人口年龄结构老化。天津和河北在接纳随产业流入的劳动力后,可降低两地在2030年的人口老龄化程度,但是当该部分劳动力成为老年人口,又将使2050年的人口老龄化水平提升。

第三,非首都功能疏解、技术进步与市场机制共同发挥作用,可以有效地调节城市人口增长。技术进步与升级可以有效地优化地区的人口就业结构,调节城市的人口规模。在技术进步方案下,京津冀常住人口在2050年将达到9359万人,在各方案中处于最低水平。在京津冀协同发展过程中,不同城市应基于功能定位、城市禀赋条件以及行业优势,引进技术并逐渐实现自主创新,选择差异化的技术进步路径。

京津冀多数城市的流动人口增速已经由快转慢,城市群的中部和南部已有6个城市成为收缩城市[①]。目前,中国的人口增长率已降为负值,农村剩余劳动力供给将持续下降,京津冀城市群未来潜在的流动人口规模也将会下降。中小城市由于对流动人口的集聚能力不足,可能面临劳动力供给缺乏、老龄化程度加深的风险。超大城市目前对流动人口的集聚能力较强,但也应防范劳动力供给的结构性短缺引发城市经济活力下降的问题。

---

① 高碑店和定州的产业集聚能力不足,唐山、邯郸、石家庄作为资源型城市,产业衰退。

第六章
促进城市群高质量发展引导人口有序流动

构建功能优化、人口布局合理的城市群体系，可以发挥京津冀城市群的规模经济效应，增加城市群经济发展的整体优势，为培育世界级先进产业集群发挥重要的作用。京津冀城市群需要紧密契合京津冀协同发展的战略目标，把握雄安新区建设的时机，结合各城市不同的社会经济发展特征进行精准的政策设计，提质增效，实现城市群高质量发展。

一、打造中心与外围城市的产业分工体系，引导人口合理布局

京津冀城市群工业体系基础雄厚，但是制造业长期处于全球价值链的中下游环节（袁嘉琪等，2019），产业分工不足，制约了京津冀培育全球制造业产业集群的目标，削弱了城市群的竞争优势。河北产业集聚缺乏优势，产业集中度偏低，使得流动人口的集聚水平和集聚能力不足，流动人口流向北京、天津，形成双核集聚的特征。按照"一核、双城、三轴、四区、多节点"的城市群功能分工方向，应进一步优化城市间的产业分工体系和空间布局，增强不同城市产业之间的经济联系，提高城市群经济发展的可持续性，以产业集聚推进流动人口集聚，优化城市群流动人口的空间分布格局。

第一，加快区域产业差异化发展。京津、京保石、京唐秦可以作为优先协同发展的产业带，石家庄、唐山、保定、邯郸等区域性中心城市和张家口、

承德、廊坊、秦皇岛、沧州、邢台、衡水等节点城市则作为后续发展城市。北京、天津通过向周边城市或区域转移产业，可以使人口随产业流出，减少"城市病"问题，唐山曹妃甸区、沧州渤海新区、正定新区、北戴河新区、邯郸冀南新区等产业承接地（河北省发展和改革委员会宏观经济研究所课题组等，2018），则可以通过促进产业转移落地，提高劳动力与人才的集聚水平。河北应依据各城市的比较优势调整产业布局，减少城市之间的产业趋同，依据不同城市的资源禀赋实现错位发展，在产业协同水平提升后，相关的产业优惠政策可以向节点城市倾斜，逐步缩小节点城市的产业集聚水平与区域中心城市的差距。

第二，促进中心城市和外围城市的产业分工。北京和天津作为中心城市，应发挥技术与知识溢出效应拉动外围城市产业发展。北京可以引导高端、智能和绿色制造业发展，加速生产性服务业集聚，通过产业优化与升级提高人才集聚水平。北京实施非首都功能疏解政策的同时，要防范疏解过程中可能存在的劳动力资源过度外流、劳动力供不应求等问题，动态调整疏解产值规模。天津可以持续发展高端制造业，也要加快发展配套生产性服务业，提升产业链的高端化和智能化，将部分产业转移至要素价格低的滨海新区。依托"海河英才"行动计划，面向全球吸引人才，特别是加快引进高端制造业等相关领域的人才。河北各个城市属于京津冀城市群的外围城市，可以利用承接产业的机会，建设主导产业链以及配套产业链，提升产业竞争力，借助要素流入的有利条件，促进城镇化质量进一步提升，增强对劳动力和人才的吸引力。

第三，发挥京津冀城市群高校集中的科研优势。将高校科研与京津冀城市群的科技创新和产业发展需求相结合，提高科研成果的质量，引导科研成果更好地服务于京津冀城市群的产业结构发展。通过简化城市落户政策，提供政策保障性租赁住房和人才公寓，实施税收减免、社会保险补贴等优惠政策，降低高校毕业生的生活成本，吸引高校毕业生留在京津冀城市群，加强城市群的人才储备。

二、雄安将建设成为吸引人口集聚的国家级新区

雄安新区是千年大计的国家战略。首都核心功能区为"一核",雄安新区与北京城市副中心构造京津冀协同发展的"两翼",以冬奥会为契机,与河北张北地区合力建设促进京津冀发展。雄安新区将成为京津冀城市群的"绿色生态宜居新城区、创新驱动引领区、协调发展示范区、开放发展先行区",是未来的人口集聚热点地区。

第一,协调政府与市场的关系,促进雄安新区人口集聚。区域经济学理论对于城市发展的研究表明,城市在早期大量集聚周边要素,形成极化效应,并在达到一定水平后,通过交通网络与市场机制发挥扩散效应,带动周边地区发展。在雄安新区建设的初期,需要通过政策支持加速发挥集聚效应,一些企业总部、央企、高等院校以及医疗资源将在政策引导下落地雄安,在初期的政策倾斜后,雄安地区未来发展应以市场机制为主导,促进要素流动、交换和合理配置,促进产业优化与升级,提高人才集聚水平。

第二,建立具有优势的人才政策,汇览全球人才。与一些地方以房地产开发为主导的新区发展模式不同,雄安新区以人才集聚和知识创新为特色,发展科技产业,集聚知识人才。对于高端创新人才应该予以相应的政策保障,如为人才落户、教育、社保等领域提供不低于其他国家级新区的优惠条件,增强对人才的吸引力。

第三,雄安新区可以通过构建优质的公共服务资源和人居环境,汇聚全球人才。雄安新区的发展目标是建设为区域发展的增长极、优质公共服务资源的集中地以及文化创新和生态宜居城市。因此,雄安新区可以利用承接的优质公共服务资源,构建医疗、养老联合体,在高等教育与中等教育阶段开展联合办学或进行分校建设,为人才提供优质的医疗、养老等公共服务;与周边城市建设便捷的交通网络,提升城市群公共交通网络的通达性,促进城市人口流动的社会网络密集化,便于要素集聚与流动;加强对资源环境的综合治理,实现良好的人居环境建设,吸引人才流入。

第四,雄安新区的人口规模既要满足人才引进与集聚的需要,又要在资

源环境承载的范围内适度增长。京津冀长期严重缺水，河北2010—2020年人均水资源量为156.3立方米/人，仅为全国平均水平的7.5%[①]，可见水资源承载力一直是人口增长的主要瓶颈。一些研究发现，雄安新区的人口承载力为200万~250万人，以2015年雄安的人口规模测算，还有100万人的增长空间（封志明等，2017）。白洋淀作为华北地区的最大淡水湖和雄安新区的主要水源，存在水质污染、湿地退化等生态风险（葛全胜等，2018）。雄安新区作为"首都功能拓展区"，承接非首都功能势必会集聚大量人口，应依据资源环境承载能力和人口规模增长速度对人口定居政策进行适度调整，避免人口总量超出环境极限，引发生态风险。

三、加快城市群交通网络的建设

城市群的发展离不开交通网络的建设，便捷与发达的交通体系可以提高城市的开放程度，促进要素资源在城市之间的流动，扩大中心城市对外围城市的影响力。京津冀城市群规划构建"四纵四横一环"的公路网络体系，打造1小时交通圈，建设城市群的轨道交通，以雄安新区为中心构建"四纵两横"高铁网。但是，近年来京津冀城市群流动人口集聚的社会网络空间格局表明，流动人口的社会网络密度明显低于长三角、珠三角城市群，外围城市流动人口的社会网络密度较低，这意味着，当前京津冀城市群的交通网络体系还不够完善，不利于城市群内部劳动力资源的合理流动与布局。虽然目前京津冀城市群整体的综合交通网络已经基本建成，但是城与城、点对点的交通网络体系构建还不够完善；外围城市的交通供给能力不足；部分城市的路网规模与理论合理规模之间仍然存在较大差距，有待提升（杨维等，2021）。可见，当前京津冀城市群交通网络的通达程度没有达到促进城市群协同发展的目标，京津冀城市群的交通网络有待进一步完善，使城市群形成高密集、高联系的流动人口集聚网络格局。

[①] 全国2010—2020年人均水资源量为2085.87立方米。

第一，完善城市间交通基础设施建设，增加中心城市和外围城市交通便捷性。将高铁、城市轨道、水运航道、公路网络与民用航空网络对接，构建立体化交通体系，扩大北京和天津的优质资源与要素对周边的影响和辐射范围，促进要素流动。通过政策引导弥补市场失灵，增加对外围城市的交通设施建设扶持力度，带动周边城市发展，增强外围城市对流动人口的吸引力。

第二，加快雄安新区、北京城市副中心以及其他区域中心城市的交通网络建设，发挥"两翼"对城市群发展的带动作用，促进城市之间的资源共享、优势互补，推动城市群的一体化发展。

第三，将各城市的科技创新中心、高校与科研机构纳入交通线路规划，帮助跨区域创新主体之间开展知识共享活动，弱化地理距离对知识创新和人才流动的阻碍。在交通线路沿线设立知识共享平台，提供线上线下的交流机会，为不同城市的创新主体分享经验、技术和资源提供便利条件。

第四，加强通勤网络建设。以北京、天津、石家庄等城市的中心城区为核心，将其与外围城镇之间的通勤网络划定为 0.5 小时和 1 小时圈层，建设市域（郊）铁路网络，将重要工业园区、创新园区以及人口集聚规模高的居住区进行串联，优化通勤供给，满足人口的通勤需求。

第五，加强京津冀城市群与其他城市群的交通网络联系。京津冀城市群流动人口的主要外部来源地是山东半岛城市群、哈长城市群等，在优化城市群内部网络体系的同时，也应增强与其他城市群交通网络的互联互通，增加路网规模节点，提升交通通达时效，带动其他区域性、地区性城市群的发展融合。

四、推动城市群公共服务资源的共建共享

京津冀城市群不同城市公共服务资源的供给水平存在明显差距，北京、天津聚集了大量的优质公共服务资源，而河北的公共服务资源供给能力明显落后。公共服务资源的巨大差异使不同城市的人口集聚能力存在差别，因此促进公共服务资源优化配置是实现京津冀协同发展的必然要求。目前，北京、

天津的优质教育和医疗资源正向北京城市副中心、天津宝坻、雄安新区等地有序疏解，在医疗与教育资源的区域协作上取得了一定的成果。例如，北京与河北开展了医疗合作，北京友谊医院、航空总医院等与三河市、香河县的部分医院签约合作，43个项目的临床检验跨省互认；北京、天津与河北签署了21个教育合作协议、30个合作项目（杨维凤，2021）。但也应看到，河北广大农村和偏远地区的医疗供给仍然匮乏（韩霞等，2021），教育资源在省际、城市间乃至城市内部仍然存在分配不公平的问题。公共服务资源不均衡与局部地区公共服务资源匮乏，使流动人口仅将当前流入城市视为向更高层级城市流动之前的暂居地，甚至会形成离城意愿。因此，应促进京津冀城市群内公共服务资源的共同建设与协同发展，提升公共服务资源供给匮乏地区在医疗、教育、社会保障、养老服务资源方面的供给水平，提高对流动人口和高层次人才集聚的能力。

第一，增加公共服务资源的财政供给，向公共服务资源匮乏的城市增加财政转移支付和专项转移支付。加强监管和评估，确保财政转移支付和专项转移支付的使用效益和透明度。引导社会资本参与公共服务建设，形成政府、社会、市场等多方共同参与的格局。

第二，在京津冀构建跨区域的教育联盟，发挥北京、天津在高等教育与科学研究方面的优势，为京津冀城市群的教育高质量发展提供动力；河北各城市则应承接优质教育资源，增加区际和校际合作，为教育水平落后的偏远地区增加公共服务资源的财政投入、补齐短板。

第三，加强京津冀区域公共卫生合作，在跨区域医院间开展广泛合作，聚焦联合研究、技术共享等领域，提升整体科研实力与医疗服务水平。增强医疗层面的人才交流，推动京津冀地区医院互派医疗人员，提升医疗团队的综合素质与专业技能；针对医疗人员培训需求，组织专题培训项目；加强对口支持，鼓励医院对基层医疗机构进行技术支援与人员培训，提升基层医疗服务能力。在疫情防控等领域建立统一的医疗网络体系。

第四，在社会保障方面，建立统一的人力资源市场，推动养老、失业、医疗等社会保险在区域间衔接，满足跨省（直辖市）就业人才的社会保障需求。引导北京、天津等中心城区的养老机构向河北疏解，鼓励企业在河北投资兴建养老机构，在为河北各城市集聚养老资源的同时，助力形成新的经济增长点。

五、促进生态环境协同发展，提升资源环境承载能力

京津冀地域毗连、生态一体，近年来开展了一系列保护生态环境的协同治理行动，例如成立了京津冀及周边地区大气污染防治领导小组，推动联合立法，关停高耗能、高污染、高耗水企业，加强大气污染、水污染的联防联控，建设张承生态功能区、京冀生态水源保护林、京津风沙源治理工程等。近年来京津冀生态协同治理取得了一定成效，"APEC 蓝""阅兵蓝"等成果受到社会关注，然而值得注意的是，仍然存在环境治理的效果持续时间不长，治理成本很高，特别是使河北付出很大经济代价的问题。例如 2014 年 APEC 会议期间，为保障京津冀城市群的空气质量，河北 8000 余家企业停产限产，5000 余工地停工，空气质量得以明显提升，但是地区生产总值的增长受到影响。依据《2020 中国生态环境状况公报》，168 个环境污染最为严重的城市中，排名最末 20 位的城市包括石家庄、保定等 5 个京津冀城市群的城市。可见，京津冀城市群的生态协同发展水平有待持续提升，应努力增强资源环境对人口的承载能力，通过优质生态环境实现对人才的吸引。

第一，增加京津冀城市群生态环境建设的资金投入，协同促进生态修复。探索建立生态补偿机制，平衡区域间的生态治理成本，由作为生态补偿受益方的北京、天津向生态治理受损方的河北进行补偿，对各地的生态补偿领域、范围等制定相应的规则，建立适用于城市群的生态补偿机制。

第二，加强环境规制，发挥区域创新效应。北京、天津应向河北进行绿色技术转移，加强企业在生产与排污等方面的技术创新，减少污染物排放。由于河北承接了劳动密集型、资源依赖型的一般制造业，不利于生态环境治理与优化，应对承接产业实施差别准入政策，促进产业绿色转型与升级。

第三，建立绿色考核体系。依据京津冀城市群不同城市的经济发展水平

和产业结构特征，制定差异化的绿色绩效考核体系，提高地方政府协同生态环境治理的积极性。

第四，提高生态环境系统的信息化水平。建立信息与数据库平台，将京津冀城市群的生态、资源与环境信息与数据资源进行共享，为区际合作与生态环境协同治理提供信息与数据支持。

第五，促进城市群形成系统、连通的生态安全体系。加强白洋淀的水系治理、增加全流域的生态涵养功能，贯彻"河长制"，提升对水污染和水域治理的力度。推进各类自然资源与能源的循环利用，提高污水、垃圾处理能力，积极进行生态绿化建设，建设绿色友好型城市。

六、顺应流动人口长期居住趋势，为流动家庭提供安居保障

流动人口在京津冀城市群的居住时间不断延长，且部分城市的流动人口长期居住的意愿比较稳定，因此，为流动家庭提供安居保障是包容性城市发展的题中之义。笔者提出流动家庭服务与保障的政策思路，即首先推进普适类保障，之后逐步推进针对子女、老人等家庭成员的保障政策。

（一）为流动家庭提供普适类保障

第一，提升就业市场的公平性。就业政策的主要扶持对象是流动家庭成员中的先行者和以夫妻为主的核心家庭成员。稳定就业能最大限度地保障流动家庭的收入来源，使家庭增强抵抗流动风险的能力，提升流动人口在城市长期稳定居住的可能性，还可以为其他家庭成员随迁提供条件，加快实现举家迁移。因此，应保障农民工获取劳动报酬及相关权益，促进流动人口就业正规化。提高流动人口的社会保险覆盖率，监督相关企业按照法律签订劳动合同并依法缴纳保险，利用税收优惠激励企业为流动人口缴纳保险，通过宣传教育提高流动人口的社会保险意识，保障流动家庭中就业成员的就业稳定性。提供就业指导与培训，降低流动家庭中就业成员的失业风险。

第二，完善住房政策。低收入流动家庭的住房负担是影响其在城市稳定居住的瓶颈。京津冀城市群中，北京、天津应调控住房市场、稳定住房价

格、保障住房收入比合理化，还要更快地完善城市住房租赁市场，保障流动家庭住房租赁的稳定性。衡水等城市已开始将流动人口纳入保障性住房申请的范畴内，但是保障性住房往往存在规模较小、选址偏远、申请困难等问题，且随着流动人口规模增长，新增的保障性住房需求将给财政支出造成巨大压力。城市应建立多层次的住房体系，由政府建立规范化的住房租赁平台，将私房出租纳入管理中，更好地管理和完善租赁市场，以家庭为单位将保障性住房纳入设计范畴。在财政负担较高的城市，考虑建立公租房、廉租房等稳定住所，降低流动家庭的住房成本，使不同收入层次的流动人口能够"住有所居"。当住房问题不再是流动人口回流的影响因素时，流动家庭在城市的居留稳定性将会得到较大提高。

第三，提升流动家庭成员的社会融入水平。以社区为单位推动社会机制改革，增进社区中流动人口与当地居民的联系，鼓励和支持流动人口参与社会公共事务。树立积极的舆论导向，增加法律法规及文明规范宣传，形成平等、相互包容的城市生活环境，减少本地居民对流动人口的歧视，增强流动人口的社会融入和社会适应。

（二）逐步推进对随迁家庭成员的保障类政策

第一，加强对随迁子女的教育保障。子女留守会增加流动人口的心理成本和经济负担，对人口回流产生拉力，而子女随迁则可以提高流动人口的居留稳定性，因此，对随迁子女提供保障和支持可以促进流动人口家庭迁移，提高流动家庭的居留稳定性。对于需进一步增强人口集聚能力的城市，可以降低或消除随迁儿童的"入学门槛"，简化入学手续，保障教育资源的公平性；在推进公平教育的同时，教育机构还应加强对随迁子女的思想引导和关爱，减少其在城市的不公平感和心理剥夺感。以公办学校为主，将随迁子女纳入城市的义务教育保障范围，逐步取消对父母的居住年限、社保缴费年限及积分等方面的要求。

第二，增强流动家庭的养老保障。当流动人口的经济收入无法支持举家流动时，会增加家庭成员城乡分离的可能性。由于多数家庭不会选择老年人在较早的批次随迁，农村空巢老人规模会随之增加，部分流动人口可能在老年人需要养老照料时选择回流。因此,应为留守老人提供必要的社会保障及经济支持。完善农村老年人生活保障体系,加强对农村高龄老人和失能老人的社会救济和补贴;统筹允许农村土地承包权转让,并将筹集资金纳入农村养老保险账户管理;建设农村互助养老体系,将集中供养与失能老人等特殊老年群体的照料相结合,解决流动人口的后顾之忧。对于规模日益增加的随迁老人,可以为其提供更为便利的养老条件,完善社会及养老保障的异地对接,探索建立针对随迁老人的社会养老服务;增加基础设施供给,在社区增加老年人休闲娱乐场所,满足其文化生活需求。

第三,加强对老年人力资源的开发与保障。近年来,在人口老龄化程度不断加深、家庭化流动进程仍在持续的背景下,城市潜在的随迁老人规模还将持续增加。与拥有相对充足养老保障的城市老年人不同,许多随迁老人为了提高个人的养老保障能力,增加流动家庭收入和增强流动家庭应对流迁风险的能力,仍有意愿继续参与经济活动。可见,合理开发流动老年人力资源,对于缓解城市的人口老龄化问题,加强老年人的社会参与,促进老有所为具有重要意义。因此,可以积极成立老年人再就业促进机构,完善劳动力的供需关系信息平台,为有意愿就业的老年人提供自主选择就业的机会;加强再就业培训和专业教育体系,更新老年人的知识体系;为老年人提供适合其体能和技能的再就业岗位,推行弹性工作制度;完善《中华人民共和国老年人权益保障法》以及《中华人民共和国劳动法》对于老年人力资源的法律规定,保障老年人的合法权益不受侵害;为提供老年人就业岗位的企业提供一定比例的税收优惠政策。

七、破除制度藩篱,畅通人口流动渠道

20世纪80年代以来,中国进入了乡城人口大迁移时期,流动人口规模持续攀升,大规模的人口流动带来丰富的劳动力资源和人才资源,助推了经济社会发展。然而,城乡分割、地域分割的制度体系影响了劳动力和人才有序流动,不仅制约要素的优化配置,还会引发劳动力市场歧视,降低流动人

口的就业质量，不利于改革成果的均等化分配。为解决上述问题，户籍制度改革被广泛呼吁并持续推进，然而近年来却陷入瓶颈期。应进一步破除制约劳动力和人才流动的制度藩篱，促进劳动力和人才优化配置，实现城市群的社会经济平稳健康发展。

第一，进一步改革劳动力和人才畅通有序流动的制度约束，实施差异化落户策略。流动人口在不同城市的居留意愿存在差异，由于超大和特大城市可以提供充足的就业岗位和优质的公共服务，使得流动人口拥有更强的长期居留和落户意愿，但是又可能因人口过度集聚引发中心城区资源供给压力过大和城市病问题；中小城市则反之，受到产业发展水平的制约，就业岗位供应有限，常被流动人口视作向上级城市流动的跳板。因此，城市群应探索针对不同城市的差异化落户策略。以北京、天津为代表的超大城市，应探索解决"存量"流动人口的需求，提高就业质量，优化居住环境，提高公共服务供给，加快城市郊区和城市新区的建设，优化人口空间布局。以石家庄为代表的省会和区域核心城市，应合理调整落户门槛，在落户积分中提高稳定居住、社保缴纳等方面的得分，弱化对学历的规定，对居住证的申领不再附加社会保险缴费等条件，使居住证和积分落户政策普惠化；通过公众号等大数据平台使申办手续便捷化、友好化。其他中小城市则应借助产业转移机会促进相关产业落地，打造地区龙头企业，形成特色产业模式，创造就业岗位，适时推出落户奖励政策，吸引人口流入和落户。

第二，增加对流动人口落户的财政支持。流动人口进城落户势必对城市的义务教育、公共卫生、社会保障、就业培训等公共资源产生需求，据测算，农民工市民化的人均成本高达10万元①，且东部地区农民工市民化的成本更高。市民化成本将为地方财政带来压力，使财政薄弱地区对流动人口进城落户的积极性不高。应依据各地对常住人口和农业转移人口的公共服务普惠程度，由中央提供一定的奖励扶持，缓解地方财政压力；以进城落户人口的保障性住房数量作为城市建设用地指标的批准依据。

---

① 数据来源：《调研显示：十余省份农民工市民化人均成本10万元》，https://www.gov.cn/xinwen/2014-03/02/content_2626613.htm，2023-07-08。

第三，建立"三权"退出和变现体制。为了保障进城落户的乡城转移人口的合法权利，土地承包经营权、宅基地使用权和集体收益分配权（简称"三权"）在其进城落户时不能强制退出。但是，由于一些地方集体经济组织缺乏法律意识，使得农民的户籍身份仍然与"三权"挂钩，因此2014年前后部分乡城转移人口在进城落户后丧失了"三权"，同时在如何补偿自愿退出"三权"农民的问题上，不少地方存在补偿资金筹措难、地方财政难以支持有偿退出的问题（程郁等，2023）。此外，"三权"只能在集体内部流转，也使得权益转让范围受到了很大限制。建议推动建立"三权"转让变现的市场机制，为进城落户农民提供资金基础，补贴一定的市民化成本；探索建立"三权"自愿退出置换保障性住房，换取不低于本地城市最低生活保障标准的养老保险等机制。

第四，为常住人口全面提供基本公共服务。提高社会保险统筹层次，均衡地区间的财政负担。完善社会保险和医疗保障的全国联网服务体系，使流动人口可以实现在常住地参加基本医疗保险和养老保险，支持异地接续转移和养老金申领，提高全民参保质量。利用现代信息技术，如大数据、人工智能等优化公共服务的流程与效率，精准把握流动人口的公共服务需求，提高公共服务的效率与质量。

第五，完善城市正式制度，激发流动人口的创新创业活力，为城市群的持续发展提供动力。优化和完善城市的市场监督体制与信贷制度，规范信贷操作流程，改善创业环境，为流动人口开展创业活动提供良好的制度基础。完善城市的社会信用制度，建立更加公平、规范的市场竞争环境，提高经营绩效，促进创业企业持续发展。老乡会、家乡商会作为流动人口在流入地构建社会网络的渠道，对流动人口进入城市、融入城市，乃至作出创业选择的影响不可忽视。应发挥这类组织的平台桥梁作用，为成员提供真实信息和资源保障，促进流动人口创业；逐步改进老乡会、家乡商会的注册与管理机制，将其纳入合法化管理程序，促进其有序发展；借助老乡会和家乡商会的平台开展活动，为流动人口提供技能培训，落实各项政策，畅通与流动人口的沟通渠道。

八、妥善应对人口流动的未来趋势

京津冀城市群中多数城市的流动人口增速已经由快转慢，目前城市群的中部和南部已有 6 个城市成为收缩城市（路昌等，2023）。由于中国将在 2025—2030 年进入人口负增长时期（林宝，2020），农村剩余劳动力供给将持续下降，京津冀城市群未来潜在的流动人口规模将会下降，中小城市由于对流动人口的集聚能力不足，可能面临劳动力供给不足的风险。

第一，京津冀不同城市应依据人口增长趋势，实施差异化政策并予以动态调整。北京、天津的中心城区是劳动力、资本等生产要素的输出地，可以依据城市的人口增长态势，对产业疏解的时间、实施方式与政策强度等进行灵活、动态调整，避免劳动力短时期大量流出可能引发的劳动力供需失衡、人口老龄化水平加剧以及经济活力下降等问题。雄安新区在建成后将成为反磁力场，不仅会集聚城市群内部人口，还将通过产业集聚吸引城市群外部人口流入，需要依据人口增长的趋势调整居住政策，避免人口规模超出资源环境承载范围。河北省部分城市作为疏解产业的主要承接地，可以积极淘汰落后产能、促进转移产业落地，通过基础设施建设，完善公共服务，促进交通一体化，实现城镇化水平提升，让流动人口有意愿长期定居，提高城市对流动人口的集聚能力。面临城市收缩问题的河北省中小城市则应寻找错位发展机会，在教育、住房、基础设施等领域进行布局和发展，提升城市宜居性，引导人口回流，为流动人口及随迁亲属居留、落户提供更为便利的政策环境。

第二，在劳动力供给减少的背景下，积极将人口红利转化为人才红利，通过人才集聚效应实现对经济增长的促进作用。北京、天津长期以来保持着较强的人才集聚能力，雄安新区也将建设成为创新之城，吸引人才集聚。所以，北京、天津与雄安新区应发挥人才集聚的扩散效应，建立高端人才联合培养与项目合作交流机制，减少在工作场地、时间等方面对人才的约束，为人才流动构建柔性流动机制，在城市群内推进人才资质互认，建立统一的人才服务保障标准。受到北京、天津人才集聚虹吸效应的影响，河北各城市面临劳动力受教育水平低、人才流失严重、人才利用效率低下等问题，需要加强对本地教育资源的财政投入和建设，提高劳动力素质，推动产学研协同发展。为人才提供宽松的政策环境，投入专项资金，为引进优秀人才的事业单位和企业提供税收、贷款、费用补贴等方面细化的优惠或奖励政策。

第三，提升流动人口数据的信息化水平，及时掌握流动人口动态。准确掌握流动人口的数据一直是流动人口管理和人口学研究的难点问题。常见的人口数据获取方式中，人口普查耗费的人力和资金成本高，获取的数据间隔周期长，而人口抽样调查和经常性统计调查则受到抽样调查和人工登记等方面的局限，这些常规的人口数据收集方式在获取居住地点不固定、流动性强的流动人口数据时往往受到局限。近年来，大数据和信息化技术的应用可以更有效地掌握人口流动的信息，了解流动人口的集聚水平、流向等方面的变动态势。可以利用手机信令、腾讯位置数据、百度地图、公交卡记录等大数据信息，完善人口流动的动态信息。此外，应持续完善流动人口全员信息系统，提升人口信息管理的信息化水平，完善经常性登记数据库。

参考文献

艾小青，陈连磊，冯虹，2019. 收入越高居留意愿越强吗？——基于京津冀流动人口调查数据的研究 [J]. 华东经济管理，33（2）：79-86.

边恕，张铭志，王玥，2021. 市场潜能对流动人口居留意愿的影响研究 [J]. 人口学刊，43（5）：53-66.

陈刚，刘景林，尹涛，2020. 城市群产业、人口、空间耦合协调发展研究——以珠三角城市群为例 [J]. 西北人口，41（2）：114-126.

陈功，王瑜，王灏晨，2015. 京津冀协同发展下人口调控分析及预测——基于人口健康的视角 [J]. 人口与发展，21（2）：23-28.

陈明星，郭莎莎，陆大道，2018. 新型城镇化背景下京津冀城市群流动人口特征与格局 [J]. 地理科学进展，37（3）：57-66.

程名望，张家平，李礼连，2020. 互联网发展、劳动力转移和劳动生产率提升 [J]. 世界经济文汇，（5）：1-17.

程郁，叶兴庆，揭梦吟，2023. 农业转移人口市民化面临的突出问题与政策建议 [J]. 经济纵横，（6）：1-8.

代红娟，董海军，2022. 农村青年流动的空间分布与城市居迁意愿——基于城市群的空间视角 [J]. 中国青年研究，（1）：60-69.

邓羽，刘盛和，蔡建明，等，2014. 中国省际人口空间格局演化的分析方法与实证 [J]. 地理学报，69（10）：1473-1486.

杜鹏，1999. 北京市人口老龄化发展趋势及其社会经济影响 [J]. 人口与经济，（1）：9-15.

段成荣，杨舸，张斐，等，2008. 改革开放以来我国流动人口变动的九大趋势 [J]. 人口研究，（6）：30-43.

封志明，杨玲，杨艳昭，等，2013. 京津冀都市圈人口集疏过程与空间格局分析 [J]. 地球信息科学学报，15（1）：11-18.

封志明，杨艳昭，游珍，2017. 雄安新区的人口与水土资源承载力 [J]. 中国科学院院刊，32（11）：1216-1223.

冯虹，2017. 京津冀流动人口调控联动机制分析[J]. 管理世界，291（12）：172-173.

葛全胜，董晓峰，毛其智，等，2018. 雄安新区：如何建成生态与创新之都[J]. 地理研究，37（5）：849-869.

韩霞，于秋漫，2021. 推进京津冀医疗资源均等化发展分析[J]. 北京航空航天大学学报（社会科学版），34（2）：105-113.

河北省发展和改革委员会宏观经济研究所课题组，肖金成，2018. 京津冀世界级城市群发展研究[J]. 经济研究参考，（15）：25-44.

侯慧丽，2016a. 城市公共服务的供给差异及其对人口流动的影响[J]. 中国人口科学，（1）：118-125.

侯慧丽，2016b. 产业疏解能带动人口疏解吗？——基于北京市流动人口定居意愿的视角[J]. 北京社会科学，（7）：46-54.

侯慧丽，2018. 特大城市产业疏解政策下外来劳动力定居意愿的变化——以北京市为例[J]. 劳动经济研究，6（2）：109-127.

扈新强，赵玉峰，2021. 从离散到聚合：中国流动人口家庭化分析[J]. 人口研究，45（4）：69-84.

黄洁，佘涛，张国钦，等，2014. 中国三大城市群城市化动态特征对比[J]. 中国人口·资源与环境，24（7）：37-44.

黄宗晔，杨静，2020. 方言对省际人口迁移的影响[J]. 人口研究，44（4）：89-101.

劳昕，沈体雁，2015. 中国地级以上城市人口流动空间模式变化——基于2000和2010年人口普查数据的分析[J]. 中国人口科学，（1）：15-28.

李国正，艾小青，邬嘉迪，2017. 新常态下中国流动人口的居留意愿与家庭消费水平研究[J]. 管理世界，291（12）：184-185.

李建民，2014. 京津冀城镇化及其与长三角和珠三角的比较[J]. 人口与经济，（1）：3-7.

李敬，陈澍，万广华，等，2014. 中国区域经济增长的空间关联及其解释——基于网络分析方法[J]. 经济研究，49（11）：4-16.

李强，张震，吴瑞君，2015. 概率预测方法在小区域人口预测中的应用——以上海市青浦区为例[J]. 中国人口科学，（1）：79-88.

李树茁，王维博，悦中山，2014. 自雇与受雇农民工城市居留意愿差异研究[J]. 人口与经济，（2）：12-21.

李拓，李斌，2015. 中国跨地区人口流动的影响因素——基于286个城市面板数据的

空间计量检验 [J]. 中国人口科学,（2）: 73-83.

梁昊光, 刘彦随, 2014. 北京市人口时空变化与情景预测研究 [J]. 地理学报, 69（10）: 1487-1495.

梁林, 曾建丽, 刘兵, 2019a. 雄安新区未来人口趋势预测及政策建议 [J]. 当代经济管理, 41（7）: 59-67.

梁林, 赵玉帛, 刘兵, 2019b. 京津冀城市间人口流动网络研究——基于腾讯位置大数据分析 [J]. 西北人口, 40（1）: 20-28.

梁琦, 陈强远, 王如玉, 2013. 户籍改革、劳动力流动与城市层级体系优化 [J]. 中国社会科学,（12）: 36-59.

梁土坤, 2016. 流动人口定居意愿影响因素分析 [J]. 人口与社会, 32（2）: 63-74.

林宝, 2020. 人口负增长与劳动就业的关系 [J]. 人口研究, 44（3）: 21-37.

林李月, 朱宇, 柯文前, 2019. 居住选择对流动人口城市居留意愿的影响——基于一项对福建省流动人口的调查 [J]. 地理科学, 39（9）: 1464-1472.

刘波, 2018. 国外特大城市人口调控的"减肥瘦身法"及启示 [J]. 城市观察（3）: 99-108.

刘华军, 刘传明, 孙亚男, 2015. 中国能源消费的空间关联网络结构特征及其效应研究 [J]. 中国工业经济,（5）: 83-95.

刘建娥, 李梦婷, 程梦瑶, 2018. 乡—城流动人口的阶层分化、重构与差异化融入 [J]. 学习与实践,（5）: 96-106.

刘涛, 陈思创, 曹广忠, 2019. 流动人口的居留和落户意愿及其影响因素 [J]. 中国人口科学,（3）: 80-91.

刘涛, 齐元静, 曹广忠, 2015. 中国流动人口空间格局演变机制及城镇化效应——基于2000和2010年人口普查分县数据的分析 [J]. 地理学报, 70（4）: 567-581.

刘望保, 石恩名, 2016. "百度迁徙"下中国城市间的人口流动空间格局 [J]. 华南师范大学学报（自然科学版）, 48（5）: 67-73.

刘小茜, 马廷, 裴韬, 等, 2017. 京津冀地区人口规模调控政策参数化路径与系统模拟 [J]. 地理科学进展, 36（1）: 34-45.

龙晓君, 郑健松, 李小建, 等, 2018. "全面二孩"背景下我国省际人口分布时空演变 [J]. 经济地理, 38（1）: 28-35.

龙瀛, 张宇, 崔承印, 2012. 利用公交刷卡数据分析北京职住关系和通勤出行 [J]. 地理学报, 67（10）: 1339-1352.

路昌, 徐雪源, 周美璇, 2023. 中国三大城市群收缩城市"三生"功能耦合协调度分析 [J]. 世界地理研究, 32（3）: 13: 1-15.

罗雅楠，程云飞，郑晓瑛，2016. "全面二孩"政策后我国人口态势趋势变动 [J]. 人口与发展，（5）：2-14.

吕晨，蓝修婷，孙威，2017. 地理探测器方法下北京市人口空间格局变化与自然因素的关系研究 [J]. 自然资源学报，32（8）：1385-1397.

马瑞，章辉，张森，等，2011. 农村进城就业人员永久迁移留城意愿及社会保障需求——基于四省农村外出就业人口的实证分析 [J]. 农业技术经济（7）：55-65.

马小红，侯亚非，2004. 北京市未来 50 年人口变动趋势预测研究 [J]. 市场与人口分析，（2）：46-49.

马小红，胡梦芸，2016. 京津冀协同发展视域下的北京流动人口发展趋势 [J]. 前线，（2）：21-23.

孟令国，李超令，胡广，2014. 基于 PDE 模型的中国人口结构预测研究 [J]. 中国人口·资源与环境，24（2）：132-141.

潘碧麟，王江浩，葛咏，等，2019. 基于微博签到数据的成渝城市群空间结构及其城际人口流动研究 [J]. 地球信息科学学报，21（1）：68-76.

潘竟虎，赖建波，2019. 中国城市间人口流动空间格局的网络分析——以国庆—中秋长假和腾讯迁徙数据为例 [J]. 地理研究，38（7）：1678-1693.

蒲英霞，韩洪凌，葛莹，等，2016. 中国省际人口迁移的多边效应机制分析 [J]. 地理学报，71（2）：205-216.

任强，陆杰华，2006. 北京市未来流动人口发展趋势及调控思路 [J]. 人口研究，（4）：77-83.

任宇飞，方创琳，蔺雪芹，2017. 中国东部沿海地区四大城市群生态效率评价 [J]. 地理学报，72（11）：2047-2063.

任远，2008. 谁在城市中逐步沉淀了下来？——对城市流动人口个人特征及居留模式的分析 [J]. 吉林大学社会科学学报，（4）：113-119.

邵帅，李欣，曹建华，等，2016. 中国雾霾污染治理的经济政策选择——基于空间溢出效应的视角 [J]. 经济研究，51（9）：73-88.

盛广耀，2018. 中国省际人口流动网络的演化及其解释 [J]. 中国人口·资源与环境，28（11）：1-9.

盛亦男，2013. 中国流动人口家庭化迁居 [J]. 人口研究，37（4）：66-79.

盛亦男，2017. 流动人口居留意愿的梯度变动与影响机制 [J]. 中国人口·资源与环境，27（1）：128-136.

盛亦男，童玉芬，2019. 生育政策调整对女性劳动力供需的影响研究 [J]. 社会科学文摘，（1）：64-66.

苏丽锋，2017. 中国流动人口市民化水平测算及影响因素研究 [J]. 中国人口科学，（2）：12-24.

孙桂平，韩东，贾梦琴，2019. 京津冀城市群人口流动网络结构及影响因素研究 [J]. 地域研究与开发，38（4）：166-169.

孙威，李佳洺，李洪省，2016. 京津冀地区空间结构的基本类型与划分方法 [J]. 经济地理，36（12）：211-217.

孙伟增，张晓楠，郑思齐，2019. 空气污染与劳动力的空间流动——基于流动人口就业选址行为的研究 [J]. 经济研究，54（11）：102-117.

孙文凯，白重恩，谢沛初，2011. 户籍制度改革对中国农村劳动力流动的影响 [J]. 经济研究，46（1）：28-41.

孙阳，姚士谋，陆大道，等，2016. 中国城市群人口流动问题探析——以沿海三大城市群为例 [J]. 地理科学，36（12）：1777-1783.

田明，2013. 中国东部地区流动人口城市间横向迁移规律 [J]. 地理研究，32（8）：1486-1496.

童玉芬，2007. 北京市未来劳动力供给趋势的预测与分析 [J]. 北京联合大学学报（人文社会科学版），（4）：70-75.

童玉芬，王莹莹，2015. 中国流动人口的选择：为何北上广如此受青睐？——基于个体成本收益分析 [J]. 人口研究，39（4）：49-56.

汪思言，杨传国，庞华，等，2014. 珠江流域人口分布特征及其影响因素分析 [J]. 中国人口·资源与环境，24（S2）：447-450.

王春超，张呈磊，2017. 子女随迁与农民工的城市融入感 [J]. 社会学研究，32（2）：199-224.

王春兰，丁金宏，2007. 流动人口城市居留意愿的影响因素分析 [J]. 南方人口（1）：22-29.

王春蕊，2016. 京津冀协同发展战略下人口流动的影响及对策研究 [J]. 经济研究参考，（64）：46-49.

王德忠，庄仁兴，1996. 区域经济联系定量分析初探——以上海与苏锡常地区经济联系为例 [J]. 地理科学（1）：51-57.

王殿茹，赵淑芹，李献士，2009. 环渤海西岸城市群水资源对经济发展承载力动态评价研究 [J]. 中国软科学，（6）：86-93.

王桂新，毛新雅，张伊娜，2006. 中国东部地区三大都市圈人口迁移与经济增长极化研究 [J]. 华东师范大学学报（哲学社会科学版），（5）：1-9.

王桂新，潘泽瀚，陆燕秋，2012. 中国省际人口迁移区域模式变化及其影响因素——

基于2000和2010年人口普查资料的分析[J]. 中国人口科学,（5）：2-13.

王继源, 陈璋, 胡国良, 2015. 京津冀协同发展下北京市人口调控：产业疏解带动人口疏解[J]. 中国人口·资源与环境, 25（10）：111-117.

王金营, 唐天思, 2018. 京津冀劳动力供给及经济发展方式转变下的需求研究[J]. 人口与经济,（6）：1-11.

王婧, 刘奔腾, 李裕瑞, 2018. 京津冀人口时空变化特征及其影响因素[J]. 地理研究, 37（9）：1802-1817.

王珏, 陈雯, 袁丰, 2014. 基于社会网络分析的长三角地区人口迁移及演化[J]. 地理研究, 33（2）：385-400.

王开泳, 丁俊, 王甫园, 2016. 全面二孩政策对中国人口结构及区域人口空间格局的影响[J]. 地理科学进展, 35（11）：1305-1316.

王若丞, 蔡林, 陈卫, 2018. 北京市人口调控的模拟分析[J]. 人口学刊, 40（5）：28-37.

王文刚, 孙桂平, 张文忠, 等, 2017. 京津冀地区流动人口家庭化迁移的特征与影响机理[J]. 中国人口·资源与环境, 27（1）：137-145.

王莹莹, 童玉芬, 刘爱华, 2017. 首都圈人口空间分布格局的形成：集聚力与离散力的"博弈"[J]. 人口学刊, 39（4）：5-16.

王雨飞, 倪鹏飞, 2016. 高速铁路影响下的经济增长溢出与区域空间优化[J]. 中国工业经济（2）：21-36.

王振坡, 姜智越, 郑丹, 等, 2016. 京津冀城市群人口空间结构演变及优化路径研究[J]. 西北人口, 37（5）：31-39.

魏丽莹, 2018. 京津冀协同发展背景下"二孩政策"对京津冀人口规模及结构的影响研究[J]. 中国人力资源开发, 35（1）：122-133.

吴开亚, 张力, 陈筱, 2010. 户籍改革进程的障碍：基于城市落户门槛的分析[J]. 中国人口科学,（1）：66-74.

吴素霞, 毛任钊, 李红军, 2005. 石家庄地区耕地与人口数量变化动态及其预测[J]. 干旱地区农业研究,（3）：8-12.

夏贵芳, 朱宇, 林李月, 等, 2018. 东部三大经济区城市流动人口的多维度社会融入及其地区差异[J]. 地理科学进展, 37（3）：373-384.

夏怡然, 陆铭, 2015. 城市间的"孟母三迁"——公共服务影响劳动力流向的经验研究[J]. 管理世界,（10）：78-90.

肖周燕, 2018. 北京产业疏解带动人口疏解的政策效应[J]. 地域研究与开发, 37（6）：160-164.

谢天怡，朱牧天，徐海铭，2015. 计划生育新政策下人口数量及结构的预测模型 [J]. 中国人口·资源与环境，（S2）：122-124.

薛峰，李苗裔，党安荣，2020. 中心性与对称性：多空间尺度下长三角城市群人口流动网络结构特征 [J]. 经济地理，40（8）：49-58.

杨凡，林鹏东，2018. 流动人口非正规就业对其居留意愿的影响 [J]. 人口学刊，40（6）：40-51.

杨开忠，2015. 京津冀大战略与首都未来构想——调整疏解北京城市功能的几个基本问题 [J]. 人民论坛·学术前沿，（2）：72-83.

杨维，王久亮，2021. 新时代河北省铁路网规划方案研究 [J]. 交通企业管理，36（4）：78-80.

杨维凤，2021. 我国"一带一路"建设与区域发展战略总体实施现状分析 [J]. 时代经贸，18（4）：52-54.

杨雪，樊洺均，2019. 新生代高学历流动人口的流向选择及影响机制 [J]. 人口学刊，41（6）：64-77.

杨雪，魏洪英，2017. 流动人口长期居留意愿的新特征及影响机制 [J]. 人口研究，41（5）：63-73.

姚俊，2009. 农民工定居城市意愿调查——基于苏南三市的实证分析 [J]. 城市问题，（9）：96-101.

姚永玲，邵璇璇，2020. 中国城市人口空间网络结构及其影响因素 [J]. 人口与经济，（6）：1-16.

叶鹏飞，2011. 农民工的城市定居意愿研究基于七省（区）调查数据的实证分析 [J]. 社会，31（2）：153-169.

叶强，张俪璇，彭鹏，等，2017. 基于百度迁徙数据的长江中游城市群网络特征研究 [J]. 经济地理，37（8）：53-59.

尹德挺，史毅，2016. 人口分布、增长极与世界级城市群孵化——基于美国东北部城市群和京津冀城市群的比较 [J]. 人口研究，40（6）：87-98.

尹德挺，袁尚，2019. 新中国 70 年来人口分布变迁研究——基于"胡焕庸线"的空间定量分析 [J]. 中国人口科学，（5）：15-28.

袁嘉琪，卜伟，杨玉霞，2019. 如何突破京津冀"双重低端锁定"？——基于区域价值链的产业升级和经济增长效应研究 [J]. 产业经济研究，（5）：13-26.

袁婷，曹卫东，陈明星，等，2021. 多维视角下京津冀地区人口集疏时空变化 [J]. 世界地理研究，30（3）：520-532.

张国俊，黄婉玲，周春山，等，2018. 城市群视角下中国人口分布演变特征 [J]. 地理学报，73（8）：1513-1525.

张浩然，2018. 日照间距约束、人口密度与中国城市增长 [J]. 经济学（季刊），17（1）：333-354.

张吉鹏，黄金，王军辉，等，2020. 城市落户门槛与劳动力回流 [J]. 经济研究，55（7）：175-190.

张莉，何晶，马润泓，2017. 房价如何影响劳动力流动？[J]. 经济研究，52（8）：155-170.

张松林，张昆，2007. 全局空间自相关 Moran 指数和 G 系数对比研究 [J]. 中山大学学报（自然科学版），（4）：93-97.

张玮，2012. 农村剩余劳动力城市居留意愿研究——基于河南省18地市调查数据 [J]. 西北人口，33（3）：45-49.

张霞，原新，2002. 天津市人口老龄化的经济后果 [J]. 南方人口，（1）：37-41.

张新，周绍杰，姚金伟，2018. 居留决策、落户意愿与社会融合度——基于城乡流动人口的实证研究 [J]. 人文杂志，（4）：39-48.

张耀军，2015. 京津冀城市圈人口有序流动及合理分布 [J]. 人口与发展，21（2）：33-38.

张耀军，岑俏，2014. 中国人口空间流动格局与省际流动影响因素研究 [J]. 人口研究，38（5）：54-71.

张耀军，王小玺，2020. 城市群视角下中国人口空间分布研究 [J]. 人口与经济，（3）：1-13.

张翼，2011. 农民工"进城落户"意愿与中国近期城镇化道路的选择 [J]. 中国人口科学，（2）：14-26.

张展新，杨思思，2013. 流动人口研究中的概念、数据及议题综述 [J]. 中国人口科学，（6）：102-112.

赵成伟，孙启明，2018. 京津冀人口与第三产业分布匹配研究——兼论影响首都人口疏解效果的因素 [J]. 求是学刊，45（6）：53-60.

赵时亮，高扬，2014. 基于移动通信的人口流动信息大数据分析方法与应用 [J]. 人口与社会，30（3）：20-26.

甄峰，王波，陈映雪，2012. 基于网络社会空间的中国城市网络特征——以新浪微博为例 [J]. 地理学报，67（8）：1031-1043.

郑桂珍，郭申阳，张运藩，等，1985. 上海市区流动人口问题初探[J]. 人口研究，（3）：2-7.

周颖刚，蒙莉娜，卢琪，2019. 高房价挤出了谁？——基于中国流动人口的微观视角

[J]. 经济研究, 54（9）：106-122.

周祝平, 2007. 北京市劳动力供求趋势预测[J]. 北京社会科学, （3）：32-37.

朱宇, 2004. 户籍制度改革与流动人口在流入地的居留意愿及其制约机制[J]. 南方人口, （3）：21-28.

邹杰玲, 王玉斌, 2018. 团聚的潘篱：大城市落户门槛如何阻碍农民工子女随迁[J]. 财经科学, （12）：67-79.

Adda J, Dustman C, Mestres J, 2006. A dynamic model of return migration[J]. Essays on Temporary Migration: 13-45.

Adserà A, Pytliková M, 2015. The Role of Language in Shaping International Migration[J]. ECON J, 125(586): F49-F81.

Akay A, Bargain O, Zimmermann K F, 2012. Relative Concerns of Rural-to-Urban Migrants in China[J]. J ECON BEHAV ORGAN, 81(2): 421-441.

Anselin L, 1995. Local Indicators of Spatial Association-LISA[J]. John Wiley & Sons, Ltd., 27(2).

Anselin L, 2002. Under the hood issues in the specification and interpretation of spatial regression models[J]. AGR ECON-BLACKWELL, 27(3): 247-267.

Baker G P, Hubbard T N, 2003. Make Versus Buy in Trucking: Asset Ownership, Job Design, and Information[J]. AM ECON REV, 93.

Belot M, 2012. Cultural and institutional barriers in migration between OECD countries[J]. J POPUL ECON.

Chen J, Wang W, 2009. Economic incentives and settlement intentions of rural migrants: Evidence from China[J]. J URBAN AFF, 41(3): 372-389.

Chen S, Oliva P, Zhang P, 2017. The Effect of Air Pollution on Migration: Evidence from China[J]. Social Science Electronic Publishing.

Costanza R, Voinov A, 1998. Modeling Ecological and Economic Systems with STELLA: Part III[J]. Ecological Modelling, (1): 1-7.

Doeringer P, Piore M, 1971. Internal labor markets and manpower analysis[M]. Internal labor markets and manpower analysis.

Egger H, Josef F, 2003. The distributional effects of international outsourcing in a 2×2 production model[J]. The North American Journal of Economics and Finance, 14(2): 189-206.

Elhorst J P, 2010. Applied spatial econometrics: raising the bar[J]. SPAT ECON ANAL, 5(1): 9-28.

Faber B, 2013. Trade Integration, Market Size and Industrialization: Evidence from China's

National Trunk Highway System[J]. Cep Discussion Papers.

Fan C C, 2011. Settlement intention and split households: Findings from a survey of migrants in Beijing's urban villages[J]. China Review: 11-41.

Fang C, Yu D, 2017. Urban agglomeration: An evolving concept of an emerging phenomenon[J]. LANDSCAPE URBAN PLAN, 162: 126-136.

Gray C, Wise E, 2016. Country-specific effects of climate variability on human migration[J]. CLIMATIC CHANGE, 135(3).

Gu C, Guan W, Liu H, 2017. Chinese urbanization 2050: SD modeling and process simulation[J]. Science China Earth Sciences, 60(6): 1067-1082.

Harris J R, Todaro M P, 1970. Migration, Unemployment & Development: A Two-Sector Analysis[J]. AM ECON REV, 60(1): 126-142.

Heilig G K, Buettner T, Li N, et al., 2010. Future population trends found to be highly uncertain in Least Developed Countries[Z/OL]. (2010-03-16)[2023-02-05]. https://population.un.org/wpp/Publications/.

Henderson J V, Shalizi Z, Venables A J, 2000. Geography and development[J]. Policy Research Working Paper, 4(2): 157-162.

Henderson J V, Weil S, 2012. Measuring economic growth from outer space: The National Bureau of Economic Research[J]. The American Economic Review, 102(2): 994-1028.

Huang Y, Guo F, Cheng Z, 2017. Market mechanisms and migrant settlement intentions in urban China[J]. ASIAN POPUL STUD (3): 1-21.

Kling J R, Liebman J B, Katz L F, 2007. Experimental Analysis of Neighborhood Effects[J]. ECONOMETRICA, 75(1): 83-119.

Katz E, Stark O, 1986. Labor migration and risk aversion in less developed countries[J]. J LABOR ECON, 4(1): 134-149.

Li H, Long R, Chen H, 2013. Economic Transition Policies in Chinese Resource-Based Cities: An Overview of Government Efforts[J]. Energy Policy, (4): 251-260.

Liu H, Liu Y, Wang H, et al., 2019. Research on the coordinated development of greenization and urbanization based on system dynamics and data envelopment analysis — a case study of Tianjin[J]. Journal of Cleaner Production, 214: 195-208.

Marshall A A, 2004. The Principles of Economics[J]. POLIT SCI QUART, 77(2): 519-524.

Mohapatra P K, Mandal P, Bora M C, 1994. Introduction to system dynamics modeling[M]. Reno, Nevada, US: University of Nevada Press.

Mueller V, Gray C, Kosec K, 2014. Heat stress increases long-term human migration in rural

Pakistan[J]. NAT CLIM CHANGE.

Nabavi E, Daniell K A, Najafi H, 2016. Boundary Matters: The Potential of System Dynamics to Support Sustainability?[J]. Journal of Cleaner Production: S1991415359.

O'Connell, Paul G,1997. Migration under uncertainty: "Try your luck" or "Wait and see"[J]. J REGIONAL SCI, 37(2): 331-347.

Ortega F, Peri G, 2012. The Effect of Income and Immigration Policies on International Migration[J]. NBER Working Papers, 16(1): 47-74.

Ottaviano G I P, 2011. "New" new economic geography: firm heterogeneity and agglomeration economies[J]. J ECON GEOGR, 11(2): 231-240.

Pan J, Lai J,2019. Spatial pattern of population mobility among cities in China: Case study of the National Day plus Mid-Autumn Festival based on Tencent migration data[J]. CITIES, 94(Nov.): 55-69.

Raftery A, Chunn J, Gerland P, et al., 2013. Bayesian Probabilistic Projections of Life Expectancy for All Countries[J]. Demography, (3): 777-801.

Roback, Jennifer, 1982. Wages, Rents, and the Quality of Life[J]. J POLIT ECON, 90(6): 1257-1278.

Stark O, Bloom D E, 1985. The new economics of labor migration[J]. The American Economic review, 75(2): 173-178.

Sun Y, Liu N, Shang J, et al., 2017. Sustainable utilization of water resources in China: A system dynamics model[J]. Journal of cleaner production, 142: 613-625.

Tang S S, Feng J X, et al., 2015. Cohort differences in the urban settlement intentions of rural migrants: A case study in Jiangsu Province, China[J]. HABITAT INT, (49): 357-365.

Thissen F, Joos D F, Dirk S et al., 2010. Migration intentions of rural youth in the Westhoek, Flanders, Belgium and the Veenkoloniën, The Netherlands[J]. Journal of Rural Studies, 26(4): 428-436.

Tiebout C M, Charles M, 1956. A Pure Theory of Local Expenditures[J]. J POLIT ECON, 64(5): 416-424.

Todaro M P, 1969. A model of labor migration and urban unemployment in less developed countries[J]. The American economic review, 59(1): 138-148.

Wan L, Zhang Y, Qi S, et al., 2017. A study of regional sustainable development based on GIS/RS and SD model — Case of Hadaqi industrial corridor[J]. Journal of cleaner production, 142(142): 654-662.

Wang N, 2017. Changing Trend of Population Migration in China and Its Spatial Pattern[J].

Chinese Journal of Urban & Environmental Studies, 04(6): 1650032.

Wang T, Wirjanto T S, 2004. The Role of Risk and Risk Aversion in an Individual's Migration Decision[J]. Communications in Statistics Stochastic Models 20(2): 129-147.

Wang X, Ding S, Cao W, et al. ,2020. Research on Network Patterns and Influencing Factors of Population Flow and Migration in the Yangtze River Delta Urban Agglomeration, China[J]. SUSTAINABILITY-BASEL, 12.

Wang X, 2019. Spatio-temporal characteristics and influencing factors of urban floating population in China from 2011 to 2015[J]. Chinese Journal of Population Resources and Environment, 17(4).

Wang W W, Fan CC, 2006. Success or failure: selectivity and reasons of return migration in Sichuan and Anhui, China[J]. Environment and Planning A, 38(5):939-958.

Williams A M, Balá V, 2014. Mobility, risk tolerance and competence to manage risks[J]. J RISK RES, 17(8): 1061-1088.

Wu Z, Zhu Y, 2004. Income Differential and Out-migration: the Impacts of Between-gap and Within-gap [J]. Journal of Chinese Economic and Business Studies, 2(1): 27-37.

Xin M, Zhang J,2001. The Two-Tier Labor Market in Urban China: Occupational Segregation and Wage Differentials between Urban Residents and Rural Migrants in Shanghai[J]. J COMP ECON, 29(3): 485-504.

Xing C, Zhang J,2017. The Preference for Larger Cities in China: Evidence from Rural-Urban Migrants[J]. CHINA ECON REV, 43: 72-90.

Yang S, Guo F, 2018. Breaking the barriers: How urban housing ownership has changed migrants' settlement intentions in China[J]. URBAN STUD, 55(16): 3689-3707.

Yu Z, Wenzhe C, 2010. The settlement intention of China's floating population in the cities: recent changes and multifaceted individual-level determinants[J]. Population Space & Place, 16(4): 253-267.

Zhang Z, Lu W X, Zhao Y, et al, 2009. Development tendency analysis and evaluation of the water ecological carrying capacity in the Siping area of Jilin Province in China based on system dynamics and analytic hierarchy process[J]. ECOL MODEL, 275: 2938-2949.

Zhao Y, 2002. Causes and Consequences of Return Migration: Recent Evidence from China[J]. J COMP ECON, 30(2):394.

Zhu Y, Chen W,2010. The Settlement Intention of China's Floating Population in the Cities: Recent Changes and Multifaceted Individual-Level Determinants[J]. POPUL SPACE PLACE, 16(4):253-267.

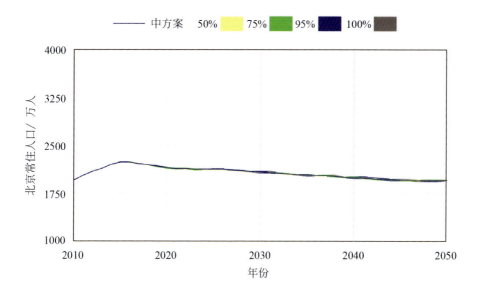

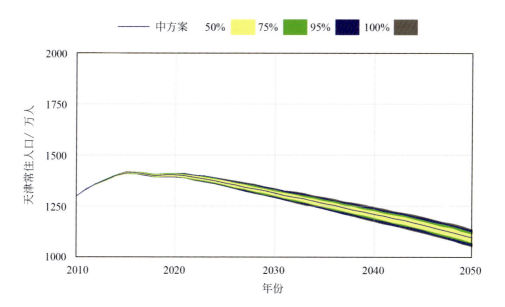

图 5.8 京津冀系统动力学模型的灵敏度检验

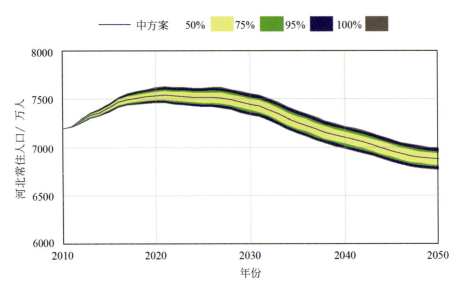

图 5.8（续）